本书获得国家自然科学基金面上项目"基于动态多层网络的企业信用风险研究"（项目批准号：71871216）和中国人民大学科学研究基金（中央高校基本科研业务费专项资金资助）项目"企业数字化转型的逻辑、机制和经济后果"（项目批准号：21XNA023）资助

分析师行为的动机和经济后果研究

吴武清/著

Motivations and Economic Consequences of Analysts' Behavior

科学出版社

北　京

内 容 简 介

本书基于中国资本市场大背景，对我国金融分析师行为的动机和经济后果进行了系统而深入的研究。本书首先详细探究了分析师是否能识别企业的信息风险、捐赠信号和盈余管理信息，并有选择地传递给外部投资者；其次利用我国独特的交易佣金数据，挖掘分析师基金关联的风险和收益后果；最后基于机器学习等大数据分析工具，分析分析师文本信息，并进行经济后果研究。

本书能帮助金融从业人员深入理解分析师行业的运行机制、分析师的职能及分析师行为的动机和经济后果，可供金融、管理、经济学等相关专业的师生阅读与参考，也适合对投资信息传递、分析师职业动机和作用等感兴趣的其他读者，包括券商研究员、基金从业人员、金融领域研究人员等阅读与参考。

图书在版编目(CIP)数据

分析师行为的动机和经济后果研究 / 吴武清著. —北京：科学出版社，2021.5

ISBN 978-7-03-068819-4

Ⅰ. ①分⋯ Ⅱ. ①吴⋯ Ⅲ. ①金融–分析–经济师–研究 Ⅳ. ①F83

中国版本图书馆 CIP 数据核字（2021）第 092128 号

责任编辑：林 剑 ／ 责任校对：樊雅琼
责任印制：吴兆东 ／ 封面设计：无极书装

科学出版社 出版
北京东黄城根北街 16 号
邮政编码：100717
http://www.sciencep.com

北京九州迅驰传媒文化有限公司 印刷
科学出版社发行 各地新华书店经销

*

2021 年 5 月第 一 版 开本：720×1000 B5
2021 年 5 月第一次印刷 印张：10 1/2
字数：240 000

定价：128.00 元
（如有印装质量问题，我社负责调换）

前　言

信息的对称化，是文明社会的特质。在资本市场中，金融分析师承担了将投资信息对称化的重要职能。分析师的职能设定注定其是多面手：既能沟通企业，又能应答投资者；既是领域专家，又是财务分析行家；既能做案头研究，又能开展田野调查；既能撰写报告，又能进行路演分享……

十年前，我国学术界对金融分析师的关注度没有现在这么高，但相关研究数据也已经积累到比较充分的程度。2013年，笔者和合作者觉得已具备持续推动对分析师行为进行研究的条件。7年来，得益于不断的思考和尝试，以及合作者、学术界朋友的帮助，研究成果陆续形成。笔者对这些学术探讨进行了系统的梳理，编撰成册，期待能收获更多志同道合者的关注。笔者认为本书的以下五个方面值得一看。

第一，分析师跟踪（或者说分析师覆盖）的代理指标通常采用年度分析师报告数或者分析师跟踪人数。本书则引入了两个新的分析师跟踪指标：分析师跟踪强度和分析师跟踪深度，证据表明这两个新的分析师跟踪指标具有更多的信息含量。

第二，基于实证分析，本书从多个角度系统论证了分析师具有一定的信息中介作用。分析师对企业盈余管理程度的关注、对企业信息风险及捐赠行为的识别，为其部分履行了信息传递职能提供了多方面的证据。

第三，分析师判断是否缺乏独立性，在理论和实证研究中尚存争议，本书则从佣金施压的角度进行了探讨。本书研究发现佣金压力影响了基金关联分析师行为，并验证了关联分析师的乐观偏差和大额持股机构投资者稳定股价的动机是佣金施压假说成立的两个可能原因。

第四，近十年来，数据储存和分析能力呈指数型增长，数据科学技术被广泛应用到学术研究中，本书也尝试在这一领域做了一些研究。本书利用机器学习技术，分析了30余万份分析师报告，并指数化了分析师报告的文本语调。在此基础上，研究了分析师文本语调是否会影响信息环境等问题。

第五，在研究设计方面，本书有不少精巧的搭建。例如，企业捐赠的分解等。这些创新富有深邃的统计学思想，同时也扎根于现实经济问题。

本书是对笔者和合作者过去几年研究成果的整理和总结，更是对未来开展分析师主题研究的路基和展望。随着研究经验的丰富，以及数据获取和处理能力的增强，笔者和合作者将选择更有价值的研究问题，并结合文本、音频和图像分析技术，开展更为广泛和深入的探索，为信息对称化的发展贡献力量。

最后，衷心感谢合作者们：汪寿阳研究员、陈敏研究员、单元教授（澳大利亚籍）、揭晓小博士、苏子豪博士、彭斐博士、张璐博士、万嘉滢和闫嘉文硕士。没有他们的付出和贡献，难以形成此书。特别感谢博士生赵越，他既是我的合作者，也为本书排版和编辑付出了艰辛的努力。受限于笔者的能力，本书不足之处在所难免，敬请广大同行、读者批评指正。

吴武清
2020 年 11 月 18 日

目 录

前言
第1章 绪论 ·· 1
  1.1 研究背景 ·· 1
  1.2 理论和实践意义 ··· 3
  1.3 拟解决的主要问题 ··· 3
  1.4 创新点 ··· 5
  1.5 本书的组织结构 ··· 5
第2章 企业信息风险、分析师分歧和股票特质性风险 ························ 7
  2.1 引言 ·· 7
  2.2 理论分析和研究假设 ·· 8
  2.3 研究设计 ··· 11
  2.4 实证结果 ··· 15
  2.5 进一步讨论 ·· 21
  2.6 结论 ··· 22
第3章 企业捐赠的信号作用：期望捐赠和超额捐赠 ·························· 24
  3.1 引言 ··· 24
  3.2 文献综述和假设提出 ··· 26
  3.3 研究设计 ··· 31
  3.4 实证结果 ··· 35
  3.5 进一步讨论 ·· 44
  3.6 结论 ··· 48
第4章 分析师能向市场传递企业盈余管理信息吗 ····························· 50
  4.1 引言 ··· 50
  4.2 文献回顾和理论假设 ··· 51
  4.3 研究设计 ··· 54
  4.4 实证结论及其分析 ··· 60

4.5 进一步讨论 ······ 66
4.6 结论、政策建议和展望 ······ 67

第5章 信息不透明、深度跟踪分析师和市场反应 ······ 69
5.1 引言 ······ 69
5.2 文献综述和假设提出 ······ 70
5.3 研究设计 ······ 74
5.4 实证结论及其分析 ······ 79
5.5 稳健性测试 ······ 86
5.6 结论和政策建议 ······ 87

第6章 分析师基金关联的风险和收益后果 ······ 89
6.1 引言 ······ 89
6.2 文献综述和假设提出 ······ 90
6.3 研究设计 ······ 95
6.4 实证分析 ······ 100
6.5 进一步讨论 ······ 106
6.6 结论和政策建议 ······ 116

第7章 分析师文本语调与股价同步性 ······ 118
7.1 引言 ······ 118
7.2 文献综述 ······ 120
7.3 理论分析与研究假设 ······ 122
7.4 研究设计 ······ 124
7.5 实证结果与分析 ······ 128
7.6 进一步研究 ······ 134
7.7 研究结论与展望 ······ 141

第8章 结论和展望 ······ 144
8.1 研究视角 ······ 144
8.2 研究结论 ······ 144
8.3 研究展望 ······ 146

参考文献 ······ 147

第1章 绪 论

1.1 研究背景

随着 A 股市场的飞速扩张,公募基金等买方机构的数量也快速增加[①]。这刺激了中国分析师行业的长足发展[②]:一方面,分析师数量越来越多,分析师地位越来越重要,对上市公司发挥着一定影响力和外部约束作用;另一方面,有关分析师的争议有增无减,不断有分析师报告使用者对分析师的中立行为产生怀疑。针对怀疑产生的原因,可以从分析师与上市公司、与雇主及与所服务客户之间的三种关系维系加以分析。

首先,分析师的盈利预测和对上市公司评级的公允性会受到上市公司行为的影响。分析师一方面可以从公开的渠道获得所跟踪公司的信息,但更有效的信息来源于对上市公司的田野调查。所以,如何和所跟踪公司保持良好的沟通,对一位称职的分析师而言至关重要。卖方分析师[③]的主要工作就是定期向客户传递上市公司的信息,并通过参与公司调研、电话会议等方式获取上市公司的异质性信息。如果分析师对上市公司给出负面评级,很可能和上市公司形成紧张的关系,不但有可能被上市公司拒绝接待,甚至有可能破坏长期以来的沟通渠道。

其次,分析师的雇主,即其所在券商,对于本投行承销的上市公司和机构投资者,出于后续业务合作或客户关系维护的需求,也会给分析师施加一定压力,分析师出于职业路径发展考虑会对所在券商承销的公司给出乐观评级。Xu 等(2013)通过对中国股市进行分析,发现分析师更容易对所在券商承销的公司给

---

① Wind 统计显示,截至 2019 年 12 月 31 日,全国已发公募产品的基金管理公司达 140 家,管理基金数量共 6084 只,管理规模总计 14.81 万亿元。
② 根据中国证券业协会官方网站公布的从业人员执业注册信息公示,2020 年中国证券类卖方分析师的总人数为 3501 人,较 2011 年底的 1969 人又增长了 1532 人。
③ 券商的行业研究员被称为卖方分析师,基金的行业研究员被称为买方分析师。

出乐观评级,这种乐观评级会加大股价崩盘的危险;而重视自己声誉的分析师则不容易给出过度乐观的评级。

最后,中国的卖方分析师还受佣金分仓压力和明星分析师评选的影响。出售分析师报告带来的收入不是券商最主要的收入来源。不过,分析师报告的质量和内容可能会影响机构投资者券商席位的选择。因此,卖方分析师报告还需要迎合基金公司等机构投资者的特殊需求。例如,在做空机制相对缺乏的我国资本市场,为迎合基金公司,卖方分析师只有唱多券商,才有利于券商的利益和发展。另外,能使分析师名利双收的分析师排名①,多是由基金客户投票决定的。出于这种实质的利益刺激考虑,对于分仓较多基金公司的重仓股,分析师一般会给出更乐观的评级②。这是卖方分析师在明星分析师排名和佣金分仓刺激双重利益考量之下的理性选择。只有当股票市场进一步成熟,使做空和做多一样成为主流,市场上才会出现更多以做空为主的分析师和评级机构。

可见,理论上,卖方分析师的职能设置应该如同投资者额头上的"第三只眼",对公司盈利现状和发展前景洞若观火,能为投资者找到高价值、低风险的股票。但是前文所述原因却会使分析师缺乏独立判断的动机和能力,也会使投资者对分析师报告的独立性及客观性产生怀疑。

此外,我国与发达国家资本市场,无论是在制度环境、企业文化,还是在分析师个人特质方面,都存在较大差异。因而,分析师行为特征和对资本市场的影响规律,也必然会有所不同。例如,有关分析师信息传递作用的研究发现,在美国资本市场,分析师主要进行行业层面的信息传递(Piotroski and Roulstone,2004),而在中国资本市场,分析师传递的是公司层面的信息(朱红军等,2007)。

综上所述,在如此争议下,在中国还不完善的市场环境下,诸如我国分析师是否履行了其市场信息中介职能,其降低信息不对称的作用如何,分析师报告的语音语调和市场信息环境之间有什么关系?进一步地,分析师通过何种机制影响上市公司和传递信息?这些毫无疑问都是重要的理论和实践问题。此外,诸多研究一般采用分析师跟踪人数和分析师报告数这些指标衡量分析师跟踪,但分析师报告的研究深度有深有浅,影响力量有强有弱,如何更好地量化分析师跟踪的行

---

① 2018年9月21日,《新财富》决定暂停2018年度新财富最佳分析师评选投票就是由贿选风波引起。
② 根据《投资者报》公布的中国分析师准确度排行榜,2012年全年分析师共发布14 489份分析师报告。超过90%的报告给出"强烈推荐"或"推荐"的积极类评级,给出中性类评级的报告占比接近10%,给出卖出类评级的报告只有10份,全部报告中58%报告未达预期收益率。

为也是值得探讨的。

1.2 理论和实践意义

本书的理论意义在于：第一，探讨卖方分析师作为公认的证券分析专家，特别是其作为行业分析专家，在投资人和公司管理层之间的信息媒介作用在中国资本市场是否得到了应有的发挥，发挥的机制如何。第二，现实可能背离卖方分析师职能设置的初衷，从而目前理论界和实务界存在对分析师独立性和客观性的质疑。已有研究主要讨论分析师和被跟踪公司建立的关联，或者是分析师和投资者建立的关联，本书则研究了分析师的佣金关联。佣金关联是目前资本市场中一种现实的关系，由于国外资本市场没有披露相关信息的制度安排，其相关研究进展有限。本书的研究将厘清佣金关联的经济后果和影响机制的相关理论问题。第三，已有的关于分析师跟踪指标的构造的研究过于简单，对其进行量化是该领域研究的重要课题。本书基于统计理论，从多个角度进行构造，显著提升了分析师跟踪指标的信息含量。第四，紧密结合中国特色的资本市场背景，从投资者选择性知觉的心理学视角，首次分析并指出分析师积极的文本语调可以有效降低股价同步性。第五，对于企业股票特质性风险的形成原因，本书巧妙地剥离开 Johnson（2004）研究中混合的信息风险和分析师分歧，并发现作为信息中介的分析师是风险传染中介。

本书的实践意义在于：第一，厘清了分析师在投资者和公司管理层之间的信息传导机制，将有助于投资者，特别是机构投资者，在制定投资决策时甄别和使用分析师报告。第二，对分析师的独立性和客观性的实证研究，将给出分析师独立性或客观性是否缺失的判断，以及其缺失的程度，这将对证券委员会等准则制定机构有所启示。第三，机器学习等大数据工具的使用，有利于打开研究者采用新技术研究传统问题或者开辟新的研究领域的思路，从而扩展了研究边界。

1.3 拟解决的主要问题

在研究和量化分析师的行为，以及分析和检验分析师行为的经济后果时，回答如下问题是非常重要的。

(1) 如何量化分析师跟踪

已有研究主要采用年度分析师跟踪人数或者年度分析师报告数作为分析师跟

踪（分析师覆盖）的代理变量。这种代理变量的局限性是很明显的。一方面，它们无法度量分析师的跟踪深度。实际上，如果比较同一年度中跟踪同一家企业的不同分析师报告数会发现，部分分析师团队推出的报告数多达 18 次，而年度平均数一般不到 3 次①。可见，不同分析师对所跟踪企业的跟踪强度是有显著差别的，有的分析师非常专注于某个企业并持续地推出跟踪报告。另一方面，被跟踪企业的受关注度也存在差别，已有指标无法捕捉。显然，跟踪人数多，不见得这些分析师很关注这些企业。而如果企业分析师跟踪人数多，同时单个分析师的报告数也多，那么其受关注的程度就比一般企业更多。

为此，本书将结合已有的分析师跟踪人数和分析师报告数，设计新的代理指标，使用刻画分析师跟踪强度和分析师跟踪深度的指标作为分析师覆盖的代理变量。

（2）分析师是否履行了其市场信息中介职能

分析师具有专业的分析能力和独特的数据优势。以往文献都专注于研究分析师在行业中的信息优势，以及分析师在金融市场中的信息传导作用。市场择时理论认为分析师覆盖的充分性将有效减轻上市公司和投资者之间信息不对称的不利影响，且对小公司的影响尤其如此（Chang et al., 2006）。而在中国资本市场，分析师是否履行了其市场信息中介职能？本书将从分析师对企业信息风险、捐赠信号和盈余管理行为的跟踪和识别的角度，进一步对分析师在金融市场中的信息传导作用进行研究。

（3）卖方分析师是否缺乏报告独立性和客观性

正如投资者所希望的，分析师可以有效地降低投资者和管理者之间的信息不对称性，因为其报告按职位设置和制度要求来说应该有能力对公司进行独立和客观的分析②。例如，分析师不仅仅关注现有持股者利益，还关注未来持股者和市场其他经济人的利益（Yu, 2008）；分析师通常受过财务和其关注行业的系统背景培训，因而有分析冗长复杂的财务报表的能力；分析师的职位升迁主要受制于其报告质量。但分析师的作用也受到质疑，特别是在中国资本市场，分析师个人利益受制于基金公司，需承受其所属券商的分仓压力，并且其报告质量受制于信息渠道的畅通性，从而分析师需要和公司保持良好的关系。这可能导致分析师的报告缺失独立性和客观性。对这种质疑进行研究，并给出较为可靠的回答，是理

---

① 统计时，如果某个企业没有被跟踪，则该企业的报告数记为 0 次。
② 该论断已被多数财务专家所认可，见 Barber 等（2001）、Das（2006）、Juergens（2009）的文献。

论和实务界亟待解决的问题，也是难题。

(4) 大数据时代如何研究分析师行为

"大智移云物"（大数据、人工智能、移动互联、云计算、物联网）时代，研究者获取数据和分析数据的能力都有了显著的提高。那么，如何使用新的分析工具，如通过机器学习方法对海量的非结构化数据，通过分析师报告的文本数据进行数据挖掘和因果关系分析，这一方面具有一定的挑战性，另一方面也提供了崭新的研究领域。本书将从分析师报告文本的语音语调的角度进行分析师行为和经济后果的研究。

1.4 创 新 点

本书的创新点如下：

1）为了更好地刻画分析师跟踪指标的信息含量，本书较具创造力地提出两个更有信息含量的指标，为后续分析师跟踪代理变量的选取提供了更好的备选项。

2）本书巧妙地对企业慈善捐赠（Corporate Philanthropy Donations，CPDs）信号进行了分解，对企业信息风险和分析师分歧进行了剥离，然后研究了分析师是否能识别相应信号，并履行信息中介的职责。

3）基于我国佣金压力的特殊数据，本书研究了分析师的一种特殊利益联系，注重分析分析师关联和外部压力的风险后果，并探讨了分析师对管理层投资决策的影响。

4）本书在国内首次使用机器学习方法分析了 30 万份分析师报告，研究了分析师文本语音语调的经济后果，并基于投资者选择性知觉的心理学视角探讨了相关经济机制。

1.5 本书的组织结构

本书共分为 8 章内容，主要采用实证方法进行深入分析。组织结构如下：

第 1 章简单介绍研究背景、研究意义和本书结构等。

第 2 章从风险传染视角探索公司盈余管理和分析师不一致行为的经济后果。盈余管理会引起公司的信息风险，而分析师分歧构成投资者的策略风险。理论上，两者的增加都将加大股票的特质性风险。本章将检验信息风险传染成为股票特质性风险的可能路径。

第 3 章主要研究分析师是否能识别企业的捐赠信号,并有选择地传递给外部投资者。本章将企业捐赠划分为期望捐赠和超额捐赠,并研究了市场对捐赠行为做出反应过程中,分析师所发挥的调节作用。

第 4 章试图解决分析师能否向市场传递企业盈余管理信息这一问题。为此,首先建立了分析师跟踪强度这一指标。其次,使用这一个更具信息含量的指标,从盈余管理的角度检验了分析师的信息中介作用是否存在。

第 5 章区分出深度跟踪分析师,并研究信息环境对这一特殊重要群体行为的影响以及相关经济后果。

第 6 章关注我国分析师基金关联的风险和收益后果,利用我国券商佣金数据,研究了分析师的基金关联对股票特质性风险、风险调整后收益的影响,并分析影响产生的机制。

第 7 章基于机器学习等大数据分析工具,分析分析师文本,并进行经济后果研究。

第 8 章是本书的结论,并对大数据环境下如何进行分析师研究提出建议。

第 2 章 企业信息风险、分析师分歧和股票特质性风险

2.1 引 言

理论和实证研究已经证实盈余管理行为会导致报告盈余带有噪声（Diamond et al.，1991；O'Hara，2003；孔东民等，2013b），而将含有噪声的报告盈余映射为现金流时产生的映射偏差会形成信息风险（Francis et al.，2005）。本章基于变量带误差理论指出这种不可分散的信息风险来源于定价模型中盈余变量的测度误差。测度误差有可能导致定价误差波动增大，从而带来更大的股票特质性风险。这就解释了 Rajgopal 和 Venkatachalam（2011）与金智（2010）指出的股票特质性风险和盈余质量之间存在的负相关关系：基于变量带误差理论，测度误差的增大会引起输出变量方差的增大，这在股票收益模型中表现为收益率波动性地增加，即盈余管理行为会增加股票特质性风险。

在此基础上，本章关心分析师在缓解或加剧信息风险演化为股票特质性风险中的作用。在中国，分析师对公司盈余的平均预测精度较高（邹颖等，2019），但研究发现分析师盈余预测的分歧也较高，预测信息的不确定性是分析师无法形成共同意见的重要原因之一。分析师意见产生分歧时，一方面投资者难以在多个盈余预测中选择出最优的一个，分析师分歧影响投资者策略的稳定性；另一方面，分析师分歧意味着投资者能够获得更多信息（Louis et al.，2013）。在中国，分析师不仅能传递企业是否进行盈余管理的信息，而且能够传递盈余管理的形式和方向的信息（吴武清和万嘉滢，2018）。在其他条件相同时，分析师分歧是传递了风险还是抑制了风险，是增加了收益还是减少了收益，是一个经验问题。

本章利用可对 2000~2014 年沪深两市 A 股上市公司企业信息风险和股票特质性风险关系进行建模的 10 325 个公司年度样本和可对分析师分歧度和股票特质性风险关系建模的 5977 个公司年度样本对"企业信息风险—分析师分歧—股

票特质性风险"关系进行研究。研究发现，信息风险会导致分析师分歧，但不是分析师分歧的唯一来源；分析师分歧或信息风险的增加都会引起股票特质性风险增大；在信息风险相同的企业中，分析师分歧高的企业比分歧低的企业有更低的股票特质性风险和更高的期望收益率。在控制测度误差、样本选择偏误和内生性解释的稳健性测试中该研究发现仍然成立。本章的研究发现为 Ang 等（2006，2009）的风险收益负相关之谜提供了新的证据与解释。

本章的贡献在于：其一，进行了股票特质性风险相关因素研究，为考察企业具体的信息风险与其股票市场绩效和波动率关联的新兴研究提供了可行路径；其二，以风险的视角来分析企业的盈余管理行为，继续 Rajgopal 和 Venkatachalam（2011）、Barinov（2013）的研究，把盈余管理程度视为企业具体信息风险（或者盈余活动操作风险）的代理变量，从而发现盈余管理活动可能导致的经济后果并解释其作用原理，补充了盈余管理后果的文献；其三，对于企业股票特质性风险的形成，本章将从企业盈余管理行为和分析师决策行为两方面予以综合考量，剥离开 Johnson（2004）研究中混合的信息风险和分析师分歧，并发现作为信息中介的分析师不可避免地成为风险传染的中介，拓展了对分析师行为及其后果的研究；其四，研究发现，同等信息风险情景下，高分歧组比低分歧组拥有更高的收益和更低的风险，为 Ang 等（2006，2009）风险和收益负相关之谜提供了新解释。

2.2 理论分析和研究假设

特质性风险是与特定资产或资产组合相关的风险，股票特质性风险即是与特定股票相关的风险，是投资组合总体风险中与市场风险无关的部分。根据经典金融理论假设，股票特质性风险和期望收益是呈正相关的（Merton，1987）。基于不同数据的实证证据却表示股票特质性风险和期望收益可能无关（Bali and Nusret，2008；Huang et al.，2010），甚至呈负相关（Ang et al.，2006，2009）。资本市场发展程度、投资者知识水平、特质性风险和期望收益的内生关系都影响两者关系的实证结果。

信息不对称程度也会影响特质性风险的产生（O'Hara，2003）。O'Hara 认为不对称信息是重要的风险因子，应在定价模型中加入信息不对称因素。Rajgopal 和 Venkatachalam（2011）进一步指出 1962~2001 年美国股票特质性风险上升可能与盈余质量下降有关。研究发现，我国股票特质性风险在 2008 年前有显著上升的趋势，在2008年后风险下降并趋于平稳（图2-1左图虚线），该趋势与上市公司盈余管理程度（用可操控性盈余的绝对值衡量）非常一致（图2-1左图实线），该现象表明盈余管理程度可能是我国股票特质性风险的来源之一。

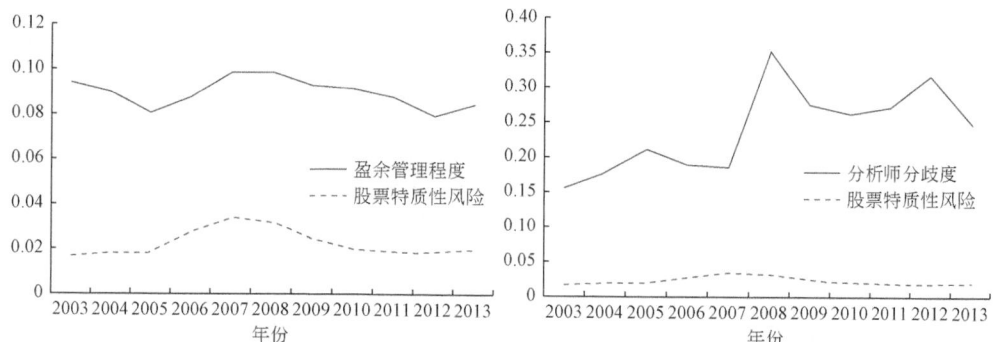

图2-1　盈余管理程度、分析师分歧度和股票特质性风险时间趋势图

注：①左图实线代表盈余管理程度（用修正 Jones 模型的可操控性应计项的绝对值代理）的时间趋势；②左图和右图虚线表示用 AR(1)-GARCH(1,1) 模型拟合股票原始收益率后估计的股票特质性风险的时间趋势；③右图实线表示分析师分歧度的时间趋势。三者均先估计企业–年度分析单元数据，然后取平均值得到年度数据，最后将年度平均值按时间先后连接成线。图2-1的详细分析参阅2.5节

股票特质性风险与盈余管理程度关系可用一个简单的理论模型（Easton et al., 1992; Penman and Zhu, 2014）解释。假设企业每年盈余全部进行分配（没有未分配利润）、不发行新股，根据股权的净盈余会计关系有 $d_{t+1} = \text{Earnings}_{t+1} - (B_{t+1} - B_t)$，其中，$d_{t+1}$ 为普通股的净股息，Earnings_{t+1} 为会计盈余，B_{t+1} 为普通股账面价值。将净股息代入股票收益率中，得到如下模型［式(2-1)］：

$$R_{t+1} = (P_{t+1} + d_{t+1} - P_t)/P_t = \text{Earnings}_{t+1}/P_t + [P_{t+1} - B_{t+1} - (P_t - B_t)]/P_t \tag{2-1}$$

式中，P_t 表示股票市场价格。

可以看出，股票收益率由盈余和收益率不能被盈余完全解释的综合因素 $P_{t+1} - B_{t+1} - (P_t - B_t)$ 构成，记后者为 u_{t+1}，则有

$$R_{t+1} = \text{Earnings}_{t+1}/P_t + u_{t+1}/P_t \tag{2-2}$$

对式 (2-2) 两边取条件方差，得到：

$$\begin{aligned}
\text{Var}(R_{t+1} \mid F_t) &= \text{Var}(\text{Earnings}_{t+1}/P_t \mid F_t) + \text{Cov}(\text{Earnings}_{t+1}/P_t, u_{t+1}/P_t \mid F_t) + \\
&\quad \text{Var}(u_{t+1}/P_t \mid F_t) \\
&= \text{Var}(\text{Earnings}_{t+1} \mid F_t)/P_t^2 + \text{Cov}(\text{Earnings}_{t+1}, u_{t+1} \mid F_t)/P_t^2 + \\
&\quad \text{Var}(u_{t+1} \mid F_t)/P_t^2
\end{aligned} \tag{2-3}$$

式中，F_t 表示 t 时信息集合。

由该模型可知，股票收益率波动（股票特质风险）取决于三个因素：盈余的波动 [Var（Earnings$_{t+1}$｜F_t）]、收益率不能被盈余完全解释的综合因素（u_{t+1}）的波动 [Var（u_{t+1}｜F_t）]，以及 u_{t+1} 和 Earnings$_{t+1}$ 之间的条件协方差 Cov（Earnings$_{t+1}$，u_{t+1}｜F_t）。企业盈余及其波动受其自身发展战略和经营战略特质因素的影响，并不能完全被市场所解释，因此盈余的波动性是股票特质性风险的重要来源。理论上用 Jones 模型（Jones，1991）的残差的绝对值 DA$_t$｛ABS[Earnings$_{t+1}$–E（Earnings$_{t+1}$）]｝度量盈余管理程度，而该模型表明盈余的波动由期望盈余 [E（Earnings$_{t+1}$）] 的波动、盈余管理程度（DA$_t$）的波动和两者协方差构成。假设企业期望盈余不发生变化，那么盈余管理程度的波动构成了全部的盈余的波动。这表明，正常情况下，盈余管理程度和股票特质性风险应存在正相关关系，为此提出假设 2.1。

假设 2.1：其他条件一致，盈余管理程度越大，股票特质性风险越大。

对假设 2.1，也可用第二种逻辑来阐述。式（2-2）表明，股票收益率和企业会计盈余之间有同期关系。大量研究表明，由于盈余管理行为普遍存在，企业真实盈余和企业报告盈余并不相等，其绝对差异定义为盈余管理程度（Jones，1991）。此差异可用测度误差 V_{t+1} 来表示，式（2-2）变为

$$R_{t+1} = (\text{Earnings}_{t+1} + v_{t+1})/P_t + (u_{t+1} - v_{t+1})/P_t \qquad (2\text{-}4)$$
$$= \text{Earnings}^R_{t+1}/P_t + (u_{t+1} - v_{t+1})/P_t$$

式中，Earnings$^R_{t+1}$ = Earnings$_{t+1}$ + v_{t+1}，表示企业报告盈余，可以被观测到。实际中，由于式（2-2）不可观测，只能用式（2-4）来代理式（2-2）进行估计。变量带误差理论表明，如果投资者使用式（2-4）进行投资决策，变量带误差将成为 R_{t+1} 波动性的一种来源 [定价公式（2-2）中不能由盈余反映的收益变成（u_{t+1} – v_{t+1}）/P_t，而 v_{t+1} 未知]。这种测度误差将会在盈余映射为现金流过程中形成定价偏差，引起信息风险。Francis 等（2005）将这种风险定义为信息风险。基于此定义，假设 2.1 可改写为假设 2.1*。

假设 2.1*：其他条件一致，企业信息风险越大，股票特质性风险也越大。

进一步讨论分析师在企业信息风险向股票特质性风险传导过程中的作用。Diether 等（2002）发现分析师分歧和股票未来收益之间存在负向关系，说明投资者需要为未来收益额外的不确定性支付溢价。为了更清晰地剖析信息风险和股票特质性风险的关系以及分析师在其中的作用，我们先检验分析师分歧与股票特质性风险的关系，提出假设 2.2。

假设2.2：其他条件一致，分析师分歧越大，股票特质性风险越大。

根据预测，分析师分歧与信息风险都能增加股票特质性风险，但分析师对于信息风险与股票特质性风险之间的关系是否具有调节作用存在如下悖论：一方面，信息不确定性会引起分析师分歧，从而影响股票特质性风险，即分析师可能是信息风险传递为股票特质性风险的传递中介；另一方面，投资者可能能够识别分析师分歧中的信息不确定性，即分析师能够作为传递增量信息而非信息风险本身的中介。为了探讨分析师分歧与信息风险是否存在上述的交互作用，提出并检验假设2.3。

假设2.3：其他条件一致，分析师分歧能够减弱信息风险与股票特质性风险的正向关系。

2.3 研究设计

2.3.1 样本和数据

本章以2000~2014年沪深两市A股上市公司为样本，在剔除金融行业企业、ST类公司和主变量与控制变量数据缺失的样本后，对连续型财务指标进行了1%和99%分位的winsorize处理，最终形成可对企业信息风险和股票特质性风险关系进行建模的10 325个公司年度样本，以及可对分析师分歧度和股票特质性风险关系进行建模的5977个公司年度样本。除Fama-French三因子模型数据来源于RESSET数据库外，本章其余数据均来自于CSMAR数据库。

2.3.2 变量和模型

可以用三种度量方法来衡量股票特质性风险。其一，财务年度原始月收益率的方差（Var）（French et al.，1987；Kothari et al.，2009）。其二，采用AR-GARCH模型来拟合月度收益率（VarG）（Bollerslev and Mikkelsen，1999）。其三，采用Fama-French三因子模型调整后的超额收益率来计算方差（VarA）（Rajgopal and Venkatachalam，2011；Ang et al.，2006，2009）。

分析师分歧（DispersionD）是哑变量，当分析师分歧度高于行业中位数时取值为1，否则为0。分析师分歧度等于分析师每股收益（EPS）预测值的标准差和均值绝对值之比（Diether et al., 2002；Johnson, 2004；Barinov, 2013）。

用盈余管理程度（DA）的3年期平均值代理信息风险（Rajgopal and Venkatachalam, 2011）。盈余管理程度分别采用 Dechow 等（1995）、Kothari 等（2005）、Raman 和 Shahrur（2008）与 Louis 等（2008）的模型测算，分别记为 Adjusted Jones（TCA）、Kothari（TCA）、Raman（TCA）和 Louis（TCA）。

借鉴 Rajgopal 和 Venkatachalam（2011）的研究成果，建立了如下对数水平模型［式（2-5）］来检验假设2.1。

$$\log(\text{Var}_{i,t}/\text{VarG}_{i,t}/\text{VarA}_{i,t}) = \alpha_0 + \alpha_1 \text{AverageDA}_{i,t} + \alpha_2 \text{BHAR}^2_{i,t} +$$
$$\alpha_3 \text{Following Intensity}_{i,t} + \alpha_4 \text{Fund Hold}_{i,t} +$$
$$\alpha_5 \text{CFO}_{i,t+1} + \alpha_6 \text{CFO}_{i,t} + \alpha_7 \text{VCFO}_{i,t} + \alpha_8 \text{MB}_{i,t} +$$
$$\alpha_9 \text{SIZE}_{i,t} + \alpha_{10} \text{LEV}_{i,t} + \alpha_{11} \text{BHAR}_{i,t} + \sum \text{Year} +$$
$$\sum \text{Industry} + \varepsilon_{i,t} \qquad (2\text{-}5)$$

式中，$\log(\text{Var}_{i,t}/\text{VarG}_{i,t}/\text{VarA}_{i,t})$ 表示各衡量下股票特质性风险的自然对数；AverageDA 表示盈余管理程度三年算术平均值，预期 Average DA$_{i,t}$ 的系数 α_1 为正，表示企业信息风险越大公司的股票特质性风险也越大。为了确保自变量效应并不是由其他因素引起的，参考 Rajgopal 和 Venkatachalam（2011）、Barinov（2013）等众多文献，选择 BHAR 及其平方项、分析师跟踪强度（Following Intensity）、基金持股（Fund Hold）、经营活动产生现金流量净额（CFO）及其波动（VCFO）、成长性指标（MB）、企业规模（SIZE）、财务杠杆（LEV）作为影响股票特质性风险的控制变量，以上控制变量的定义和来源见表2-1。此外，本章还控制了年度固定效应（Year）和行业固定效应（Industry）。

表2-1 控制变量定义和来源

变量名	定义	来源
BHAR	年内的买入-持有期收益率，以年报公告日前219天到前20天窗口期计算	Duffie 和 Rahi（1995）；Rajgopal 和 Venkatachalam（2011）
Fund Hold	机构投资者的年平均持股比例	Barinov（2013）；Rajgopal 和 Venkatachalam（2011）
Following Intensity	分析师跟踪强度=年分析师报告数/年分析师跟踪人数	吴武清和万嘉滢（2018）
CFO	经营活动现金流除以总资产	Ismail 和 Kim（1989）；Rajgopal 和 Venkatachalam（2011）

续表

变量名	定义	来源
VCFO	5年窗口期年度经营现金流和总资产比值方差	Vuolteenaho（2002）；Rajgopal 和 Venkatachalam（2011）
MB	市值和总资产的比值	Rajgopal 和 Venkatachalaml（2011）；Barinov（2013）；Kothari 等（2009）
SIZE	股票市值的自然对数	Atiase（1985）；Pastor 和 Veronesi（2003）；Kothari 等（2009）；Barinov（2013）
LEV	长期负债和总资产的比值	Rajgopal 和 Venkatachalam（2011）；Barinov（2013）；Kothari 等（2009）

为检验分析师分歧度对股票风险的影响，给出式（2-6）：

$$\begin{aligned}\log(\mathrm{Var}_{i,t}/\mathrm{VarG}_{i,t}/\mathrm{VarA}_{i,t}) = &\beta_0 + \beta_1 \mathrm{DispersionD}_{i,t} + \beta_2 \mathrm{BHAR}^2_{i,t} + \\ &\beta_3 \mathrm{Following\ Intensity}_{i,t} + \beta_4 \mathrm{Fund\ Hold}_{i,t} + \\ &\beta_5 \mathrm{CFO}_{i,t+1} + \beta_6 \mathrm{CFO}_{i,t} + \beta_7 \mathrm{VCFO}_{i,t} + \beta_8 \mathrm{MB}_{i,t} + \\ &\beta_9 \mathrm{SIZE}_{i,t} + \beta_{10} \mathrm{LEV}_{i,t} + \beta_{11} \mathrm{BHAR}_{i,t} + \sum \mathrm{Year} + \\ &\sum \mathrm{Industry} + \varepsilon_{i,t}\end{aligned} \quad (2\text{-}6)$$

式中，DispersionD 为分析师分歧的代理变量，预期其系数 β_1 为正，表示分析师分歧越大的公司，其股票特质性风险也越大。

为检验分析师对企业信息风险的传染效应，在式（2-5）中加入了分析师分歧度，以及分析师分歧度和信息风险的交互项：

$$\begin{aligned}\log(\mathrm{Var}_{i,t}/\mathrm{VarG}_{i,t}/\mathrm{VarA}_{i,t}) = &\gamma_0 + \gamma_1 \mathrm{AverageDA}_{i,t} + \gamma_2 \mathrm{AverageDA}_{i,t} \times \\ &\mathrm{DispersionD}_{i,t} + \gamma_3 \mathrm{DispersionD}_{i,t} + \gamma_4 \mathrm{BHAR}^2_{i,t} + \\ &\gamma_5 \mathrm{Following\ Intensity}_{i,t} + \gamma_6 \mathrm{Fund\ Hold}_{i,t} + \\ &\gamma_7 \mathrm{CFO}_{i,t+1} + \gamma_8 \mathrm{CFO}_{i,t} + \gamma_9 \mathrm{VCFO}_{i,t} + \gamma_{10} \mathrm{MB}_{i,t} + \\ &\gamma_{11} \mathrm{SIZE}_{i,t} + \gamma_{12} \mathrm{LEV}_{i,t} + \gamma_{13} \mathrm{LEV}_{i,t} + \sum \mathrm{Year} + \\ &\sum \mathrm{Industry} + \varepsilon_{i,t}\end{aligned} \quad (2\text{-}7)$$

式中，AverageDA×DispersionD 表示分析师分歧和企业信息风险的交互项，其系数 λ_2 理论上为负，表示同等信用风险的公司中，分析师分歧度高的公司有相对较低的股票特质性风险。

2.3.3 描述性统计

表 2-2 报告了关键变量的描述性统计量。结果表明，原始收益率的波动率（Var）为 12.3%，经 Fama-French 三因子模型调整后的超额收益率的波动率（VarA）为 8.5%，Rajgopal 和 Venkatachalam（2011）报告的美国资本市场股票特质性风险在 3% ~ 4%，表明我国股票特质性风险要高于美国。AR(1)-GARCH(1,1) 模型估计的条件波动率年度平均值（VarG）最小，为 1.8%。利用 TCA 作为总应计项，修正 Jones 模型估计的盈余管理程度在 8.6% ~ 8.9%，和曾建光等（2013）利用 2004 ~ 2010 年数据测算的 8% 的结果接近。分析师分歧均值为 26.1%，说明分析师分歧相对于分析师平均预测来说是重要的。主要变量的标准差和极差表明各个变量都在接受范围内，且存在明显变异。

表 2-2 主要变量的描述性统计量

变量	样本量	均值	标准差	最小值	25% 分位	中位数	75% 分位	最大值
log（Var）	5977	−2.094	0.362	−3.489	−2.336	−2.095	−1.849	−1.193
log（VarG）	5976	−4.022	0.489	−5.223	−4.336	−4.055	−3.745	−2.284
log（VarA）	5977	−2.466	0.408	−3.879	−2.727	−2.457	−2.197	−1.361
log（VarA1）	5977	−2.461	0.415	−3.874	−2.725	−2.449	−2.185	−1.343
Adjusted Jones（TCA）	6886	0.089	0.091	0.001	0.029	0.062	0.118	0.500
Kothari（TCA）	6886	0.086	0.089	0.001	0.027	0.060	0.114	0.482
Raman（TCA）	6847	0.086	0.088	0.001	0.027	0.060	0.113	0.467
Louis（TCA）	6087	0.087	0.088	0.001	0.028	0.061	0.115	0.488
Dispersion	5071	0.261	0.341	0.000	0.081	0.165	0.317	2.481
DispersionD	5977	0.424	0.494	0.000	0.000	0.000	1.000	1.000
Fund Hold	5279	6.014%	7.691%	0.002%	0.572%	2.838%	8.532%	34.791%
Following Intensity	5977	1.663	0.714	1.000	1.000	1.500	2.000	3.600
CFO	5974	0.050	0.080	−0.204	0.007	0.050	0.099	0.262
VCFO	5288	0.057	0.042	0.004	0.029	0.046	0.073	0.245
MB	5942	1.788	0.951	0.926	1.203	1.472	1.985	6.157
SIZE	5942	22.165	1.015	19.719	21.443	22.042	22.751	25.388

续表

变量	样本量	均值	标准差	最小值	25%分位	中位数	75%分位	最大值
LEV	5973	0.065	0.095	0.000	0.000	0.016	0.099	0.450
BHAR	5513	0.022	0.147	−0.260	−0.070	0.002	0.087	0.647

2.4 实证结果

2.4.1 企业信息风险和股票特质性风险

基于式（2-5），用各种盈余管理程度变量来代理企业的信息风险，并研究这种具体的信息风险和股票特质性风险之间的关系。表2-3报告了式（2-5）12个子模型的回归结果，分为3组，各组的因变量分别为log（Var）、log（VarG）和log（VarA），组内4个模型的自变量分别是Adjusted Jones（TCA）、Kothari（TCA）、Raman（TCA）和Louis（TCA）。如预期，这12个模型自变量的系数均显著为正，结果与Rajgopal和Venkatachalam（2011）的研究结果一致，支持假设2.1，表明企业较大的盈余操控行为会导致较大的股票特质性风险。以因变量为log（Var）、自变量为Adjusted Jones（TCA）的模型为例，信息风险每增加1个单位，将导致企业股票特质性风险增加13.6%，而在以log（VarG）为因变量的模型中，企业股票特质性风险更高达38.1%；在以log（VarA）为因变量的模型中，企业股票特质性风险也在35.9%。由此可见，盈余管理行为所形成的企业信息风险会给企业股票带来较大的特质性风险，企业信息风险是股票特质性风险在统计上和经济上均显著的风险因素。

其他波动率相关因素的系数的符号也符合预期。作为历史绩效的代理变量BHAR及其平方项（$BHAR^2$）系数均显著为正，符合风险和收益呈正相关关系的基本原理。分析师跟踪强度（Following Intensity）高的股票，波动率较大，表明我国分析师偏好于市场比较活跃的股票；机构持股（Fund Hold）和波动率呈负相关关系，表明基金公司偏好于波动率较小的股票，一定程度上体现了价值投资者的偏好。无论是领先一期（CFO_{t+1}）还是当期的现金流量净额（CFO）指标均和现金流量波动率（VCFO）呈负相关关系，表明充足的流动性可以降低股票市场波动；现金流5年窗口期的波动率和股票波动率呈正向关系，体现了流动性风

表 2-3 企业信息风险和股票特质性风险

	log($Var_{i,t}$)				log($VarG_{i,t}$)				log($VarA_{i,t}$)			
	(1)	(2)	(3)	(4)	(5)	(6)	(7)	(8)	(9)	(10)	(11)	(12)
Adjusted Jones (TCA)$_{i,t}$	0.136*** (0.043)				0.381*** (0.066)				0.359*** (0.058)			
Kothari (TCA)$_{i,t}$		0.111** (0.044)				0.366*** (0.067)				0.306*** (0.059)		
Raman (TCA)$_{i,t}$			0.118*** (0.044)				0.379*** (0.067)				0.317*** (0.059)	
Louis (TCA)$_{i,t}$				0.15*** (0.046)				0.421*** (0.07)				0.396*** (0.061)
$BHAR^2_{i,t}$	0.804*** (0.068)	0.804*** (0.068)	0.804*** (0.068)	0.78*** (0.07)	0.906*** (0.103)	0.905*** (0.103)	0.905*** (0.103)	0.907*** (0.106)	1.586*** (0.09)	1.585*** (0.09)	1.586*** (0.09)	1.529*** (0.093)
Following Intensity$_{i,t}$	0.015*** (0.003)	0.015*** (0.003)	0.015*** (0.003)	0.015*** (0.003)	−0.005 (0.005)	−0.005 (0.005)	−0.005 (0.005)	0.001 (0.005)	0.016*** (0.004)	0.016*** (0.004)	0.016*** (0.004)	0.014*** (0.004)
Fund Hold$_{i,t}$	−0.082** (0.039)	−0.081** (0.039)	−0.082** (0.039)	−0.076* (0.04)	−0.515*** (0.06)	−0.515*** (0.06)	−0.515*** (0.06)	−0.536*** (0.061)	0.639*** (0.052)	0.641*** (0.052)	0.64*** (0.052)	0.629*** (0.054)
CFO$_{i,t+1}$	−0.271*** (0.037)	−0.272*** (0.037)	−0.271*** (0.037)	−0.281*** (0.039)	−0.636*** (0.057)	−0.638*** (0.057)	−0.637*** (0.057)	−0.624*** (0.059)	−0.171*** (0.05)	−0.173*** (0.05)	−0.171*** (0.05)	−0.176*** (0.051)
CFO$_{i,t}$	−0.319*** (0.037)	−0.322*** (0.037)	−0.322*** (0.037)	−0.337*** (0.038)	−0.492*** (0.056)	−0.5*** (0.056)	−0.5*** (0.056)	−0.53*** (0.058)	−0.284*** (0.049)	−0.292*** (0.049)	−0.291*** (0.049)	−0.311*** (0.051)

续表

	log ($Var_{i,t}$)				log ($VarG_{i,t}$)				log ($VarA_{i,t}$)			
	(1)	(2)	(3)	(4)	(5)	(6)	(7)	(8)	(9)	(10)	(11)	(12)
$VCFO_{i,t}$	0.482***	0.49***	0.488***	0.473***	0.969***	0.972***	0.968***	0.895***	0.567***	0.583***	0.581***	0.591***
	(0.068)	(0.068)	(0.068)	(0.072)	(0.103)	(0.103)	(0.103)	(0.109)	(0.09)	(0.091)	(0.091)	(0.095)
$MB_{i,t}$	0.043***	0.043***	0.043***	0.041***	0.092***	0.092***	0.092***	0.088***	0.078***	0.078***	0.078***	0.076***
	(0.003)	(0.003)	(0.003)	(0.004)	(0.005)	(0.005)	(0.005)	(0.005)	(0.005)	(0.005)	(0.005)	(0.005)
$SIZE_{i,t}$	−0.007**	−0.007**	−0.007**	−0.009**	−0.021***	−0.021***	−0.021***	−0.022***	−0.024***	−0.024***	−0.024***	−0.028***
	(0.003)	(0.003)	(0.003)	(0.003)	(0.005)	(0.005)	(0.005)	(0.005)	(0.004)	(0.004)	(0.004)	(0.004)
$LEV_{i,t}$	0.173***	0.174***	0.175***	0.16***	0.179***	0.178***	0.177***	0.117***	0.149***	0.151***	0.151***	0.127***
	(0.029)	(0.029)	(0.029)	(0.03)	(0.044)	(0.044)	(0.044)	(0.045)	(0.038)	(0.039)	(0.039)	(0.039)
$BHAR_{i,t}$	0.234***	0.234***	0.234***	0.235***	0.192***	0.192***	0.192***	0.179***	0.113***	0.112***	0.112***	0.124***
	(0.026)	(0.026)	(0.026)	(0.027)	(0.039)	(0.039)	(0.039)	(0.041)	(0.034)	(0.034)	(0.034)	(0.036)
年度和行业	控制											
Adj R^2	0.523	0.523	0.523	0.524	0.364	0.364	0.364	0.367	0.345	0.344	0.344	0.347
N	10 991	10 991	10 989	10 203	10 991	10 991	10 989	10 203	10 991	10 991	10 989	10 203

*、**、***分别表示在0.1、0.05和0.01的水平下显著;括号内为标准差,下同。

险向股票特质性风险的传播。成长性指标（MB）高的股票比较活跃，也表现出较大的市场波动性。规模较大公司较大的市值对股票波动起到稳定器的作用，从而企业规模（SIZE）和波动率呈现负向关系。财务杠杆（LEV）和波动率呈现正向关系，表现出财务风险也是公司特质性风险的来源。控制变量的回归结果在后文不再赘述。最后，修正 R^2 的取值在 30% ~ 50%，表明模型有较大的拟合优度。

2.4.2 分析师分歧和股票特质性风险

用式（2-6）检验分析师分歧对分析师所追踪股票特质性风险的影响，表 2-4 共报告了式（2-6）6 个子模型的回归结果，分为 3 组，各组的因变量分别为 log（Var）、log（VarG）和 log（VarA），每组内两个模型的自变量分别是 DispersionD 和 Std of EPSD。如预期，这 6 个模型自变量的系数均显著为正。这表明分析师分歧越大的企业，其股票特质性风险也较大。以第一个模型为例〔因变量为 log（Var），而自变量为 DispersionD〕，当分析师分歧从低于行业内中位数变成高于行业内中位数时，将导致企业股票特质性风险增加 6.7%；该值在第 2 组和第 3 组模型取值分别为 8.2% 和 6.5%。这种经济上的显著性表明，分析师争议可能造成依赖于分析师预测做价值判断的投资者在投资策略上的盲目性，形成策略风险，在市场中形成股价波动。以上结果支持了假设 2.2，并与 Barinov（2013）的结论一致。

表 2-4 分析师分歧和股票特质性风险

	log（$\text{Var}_{i,t}$）		log（$\text{VarG}_{i,t}$）		log（$\text{VarA}_{i,t}$）	
	(1)	(2)	(3)	(4)	(5)	(6)
$\text{DispersionD}_{i,t}$	0.067***		0.082***		0.065***	
	(0.009)		(0.014)		(0.011)	
$\text{Std of EPSD}_{i,t}$		0.048***		0.047***		0.052***
		(0.009)		(0.014)		(0.012)
控制变量	控制					
年度和行业	控制					
Adj R^2	0.466	0.461	0.351	0.346	0.314	0.311
N	3563	3563	3563	3563	3563	3563

2.4.3 企业信息风险、分析师分歧和股票特质性风险

2.4.1~2.4.2节给出的证据表明,企业盈余管理程度(信息风险)越大或分析师分歧较大时,企业股票表现出的波动性更大。那么,两者的交互效应如何,即在同等的盈余管理水平下,当分析师意见变得更有分歧时,股票波动性是更大还是更小?本节用式(2-7)检验假设2.3,表2-5中汇报了式(2-7)12个子模型的回归结果,分为3组。各组的因变量分别是log(Var)、log(VarG)和log(VarA)。每组的第一个自变量分别是盈余管理程度[Adjusted Jones(TCA)、Kothari(TCA)、Raman(TCA)和Louis(TCA)];第三个自变量是分析师分歧哑变量(DispersionD);第二个自变量是盈余管理程度[Adjusted Jones(TCA)、Kothari(TCA)、Raman(TCA)和Louis(TCA)]与分析师分歧哑变量(DispersionD)的交互项。

从表2-5中可以看出,盈余管理程度和分析师分歧哑变量前的系数仍然为正显著;而其交互项则为负显著。后者表明对于同等盈余管理程度的企业,分析师出现分歧将有助于降低股票特质性风险,该发现和Barinov(2013)认为的高分歧企业存在对风险的对冲相吻合,支持了假设2.3。这一结论表明,对于分析师跟踪的企业而言,信息风险向股市特质性风险转变不会自然而然地发生,需要先体现为分析师分歧,然后传递给市场。具体地,对于分歧度小的企业,从分析师作为市场信息中介作用而言,盈余操控被一致认定为一种信息风险,从而传递给市场;而当出现较大分歧时,分析师报告更有信息含量(Louis et al.,2013)。同时Barinov(2013)也在理论上论证了此种情景下将形成对风险的对冲,信息风险不会被分析师放大,反而会因为这种争议被削弱,从而出现相对较低的市场波动。这种现象表明,在分析师跟踪的企业中,信息风险不是必然会直接传递给市场,而是通过分析师的解读传递给市场,从这个角度讲,争议是降低信息风险的一种办法,也间接论证了"企业信息风险—分析师分歧—股票特质性风险"的风险传递路径。

表 2-5 企业信息风险、分析师分歧和股票特质性风险

	log($Var_{i,t}$)				log($VarG_{i,t}$)				log($VarA_{i,t}$)			
	(1)	(2)	(3)	(4)	(5)	(6)	(7)	(8)	(9)	(10)	(11)	(12)
Adjusted Jones (TCA)$_{i,t}$	0.265*** (0.102)				1.002*** (0.154)				0.601*** (0.128)			
Adjusted Jones (TCA)$_{i,t}$×DispersionD$_{i,t}$	-0.265* (0.136)				-1.044*** (0.206)				-0.499*** (0.172)			
Kothari (TCA)$_{i,t}$		0.223** (0.102)				1.047*** (0.156)				0.55*** (0.13)		
Kothari (TCA)$_{i,t}$×DispersionD$_{i,t}$		-0.188 (0.138)				-1.185*** (0.209)				-0.487*** (0.175)		
Raman (TCA)$_{i,t}$			0.252** (0.101)				1.093*** (0.156)				0.573*** (0.13)	
Raman (TCA)$_{i,t}$×DispersionD$_{i,t}$			-0.231* (0.136)				-1.228*** (0.21)				-0.508*** (0.175)	
Louis (TCA)$_{i,t}$				0.254** (0.108)				1.168*** (0.166)				0.673*** (0.138)
Louis (TCA)$_{i,t}$×DispersionD$_{i,t}$				-0.215 (0.146)				-1.188*** (0.226)				-0.487*** (0.187)
DispersionD$_{i,t}$	0.089*** (0.015)	0.085*** (0.015)	0.087*** (0.015)	0.085*** (0.016)	0.171*** (0.022)	0.182*** (0.023)	0.186*** (0.022)	0.187*** (0.024)	0.109*** (0.019)	0.108*** (0.019)	0.109*** (0.019)	0.106*** (0.02)
控制变量	控制											
年度和行业	控制											
Adj R^2	0.47	0.473	0.476	0.481	0.368	0.369	0.369	0.373	0.325	0.325	0.325	0.331
N	3488	3481	3598	3217	3733	3733	3733	3273	3733	3733	3733	3273

2.4.4 稳健性测试

为了控制测度误差，本节进行如下变量替换：总市值加权风险因子计算的波动率、基于日回报数据计算的波动率替换特质性风险的度量；以分析师预测每股收益的标准差作为分析师分歧度的替代指标重新计算分析师分歧（DispersionD）、以分析师分歧度的原始数据替换分析师分歧哑变量；以 TAC（总应计项 TCA+折旧与摊销）（Louis，2004）和 TA（净利润−经营活动产生现金流量净额）（曾建光等，2013）来代替盈余管理程度。本节回归结果与前文一致。

为了控制样本选择偏误，将表 2-3 中样本集合改为分析师跟踪的集合；使用 Heckman 二阶段估计方法对表 2-5 的回归结果进行再检验；将波动率窗口期滞后了 1 年，这样可以避免波动率对自变量的反馈所造成的内生性，结果显示表 2-3～表 2-5 的基本结论保持不变。限于篇幅，本章未报告上述稳健性测试的具体结果[①]。

2.5 进一步讨论

2.5.1 分析师分歧的风险来源和经济后果

本章我们用另一种方法研究了"企业信息风险—分析师分歧—股票特质性风险"的风险传染路径。第一步，先用盈余管理程度（为避免内生性，进行了滞后一阶处理）来解释分析师分歧，可将分析师分歧分解为分析师分歧的期望值和不受盈余操控影响的残差项。第二步，用期望值和残差项分别作为自变量对股票特质性风险进行回归。研究发现，残差项与期望值系数均显著，说明分析师将企业信息风险部分转变为股票特质性风险，而企业信息风险部分不能完全解释分析师分歧所引起的股票波动性，即分析师还会收集除信息风险外的其他信息。

---

① 如果需要稳健性测试的具体结果，可联系作者获取。

2.5.2 企业信息风险、分析师分歧和股票超额收益

为检验信息风险、分析师分歧和股票超额收益之间的风险收益关系，基于月收益率数据计算出年度累计超额收益（CAR），并以信息风险、分析师分歧及两者的交互项对其进行解释。研究结果发现，交互项前系数显著为正，表明同等信息风险情形下，高分歧企业的超额收益要高于低分歧企业。结合表2-5结果，可以得出在信息风险相同情形下，高分歧企业拥有更高的超额收益和更低的波动率的结论，该结果为 Ang 等（2006，2009）的风险和收益呈负相关之谜提供了新解释。

2.5.3 股票特质性风险是否一直在增加

进一步分析样本期间内盈余管理程度、分析师分歧度和股票特质性风险的均值时间趋势发现，在我国盈余管理程度、分析师分歧度和股票特质性风险在2008年前均有上升的趋势，此后均有不同程度的降低。股票特质性风险前半段的上升趋势与吴昊旻等（2012）的发现一致，而总体上的平稳趋势与 Nartea 等（2013）的发现一致。盈余管理程度、股价波动性与分析师分歧度具有较高程度统一变动趋势，直观展示了本章主要发现（图2-1）。

2.6 结 论

本章讨论了我国股票特质性风险的来源，认为盈余管理行为、会计信息的不确定性将带来信息风险。实证结果表明，分析师跟踪的企业中，这种风险将转变为分析师决策冲突，从而演变为投资者的投资策略风险，最终构成企业股票的特质性风险。这就解释了信息风险演化为股票特质性风险的路径。然而，分析师传递风险的作用是复合的：信息风险并不是分析师分歧的唯一来源；在信息风险相同的企业中，分析师分歧高的企业比分歧低的企业有更低的波动率。进一步讨论中发现，盈余管理程度、分析师分歧均与经 Fama-French 三因子模型调整后的超额收益率呈负相关关系，但控制住盈余管理程度，高分析师分歧组却拥有比低分析师分歧组更高的收益率。高分析师分歧组拥有更低的股票特质性风险和更高的收益与经典金融理论相悖，却为 Ang 等（2006，2009）提出的风险收益负相关之

谜提供了新的证据。

倾向于进行较大盈余管理操控的公司，其股价波动也大，近十年来信息风险和股票特质性风险一起涨落的现象十分明显。这个发现给监管机构的启示是，加强企业的信息披露制度改革，监督企业盈余管理行为，提高企业信息透明度，就可以有效地降低上市公司股票的特质性风险。对投资者而言，要尽可能从自己的策略组合中剔除信息不透明企业的股票，以减少股价波动较大对资产价值的影响。低分析师分歧企业的信息风险被一致地传递给市场；而高分析师分歧企业的信息风险，在有特殊信息的分析师看来不是风险而是机会。因此，本书认为监管部门应当加强分析师职业水平、道德修养考核，切实发挥分析师信息中介的重要作用，降低其风险传递的负面作用。本章只在分析师跟踪的企业中，讨论了信息风险转变为股票特质性风险的可能路径，对于没有分析师跟踪的企业，其信息风险转换为股票特质性风险的路径是另一个值得探讨的问题。

第 3 章　企业捐赠的信号作用：期望捐赠和超额捐赠

3.1 引　　言

截至 2019 年底，全国登记认定慈善组织总数超过 7500 个，社会捐赠总量达 1330 亿元[①]。而同年度美国慈善捐款总额已达到 3580 亿美元[②]。这表明和发达国家相比，我国慈善捐赠增长的空间依然很大。我国慈善捐赠事业的迅速发展以及极大的发展空间，吸引了包括学术界和政界的广泛重视，这也是本章研究的动机之一。

以往关于企业慈善捐赠对企业绩效的研究尚无定论。一些学者认为，企业慈善捐赠可以通过改善企业与其利益相关者之间的关系（Dutton et al.，1994；Williams and Barrett，2000；Saiia et al.，2003；Fombrun，2005；Chen et al.，2018）、确保获得更多的政府支持（Dickson，2004）、提升形象和声誉（File and Prince，1998；Seifert et al.，2004；Brammer and Millington，2005；Ho et al.，2016）、降低风险（Gupta and Krishnamurti，2018）、减少其所经历的政治不确定性（Godfrey，2005；Peloza，2006）及促进研发活动来提高企业绩效（Ho et al.，2016）。相比之下，一部分学者则认为，企业慈善捐赠与企业实现股东财富最大化的目标并不一致（Hong et al.，2016）。慈善捐赠反映了经理和股东之间的委托代理成本（Galaskiewicz，1997），因为慈善捐赠支出仅取决于经理的判断，因此难以估计由此产生的收益，这会导致较大的不确定性。

现有关于中国企业慈善事业的研究将 CPDs 视为一个整体（Zhang et al.，2010；Du et al.，2014；Qian et al.，2015；Li et al.，2017；Gao and Yang，2016；

---

① 资料来源：中国社会科学院政策研究中心、社会科学文献出版社、中国灵山公益慈善促进会联合发布的《慈善蓝皮书：中国慈善发展报告（2020）》。

② 资料来源：美国施惠基金会（Giving USA Foundation）2015 年报告。

Du，2017；Li et al.，2017）。Lys等（2015）以美国上市公司为样本，将公司社会责任分解为最优部分（即基于经济因素解释的社会责任的预期组成部分）和偏差部分（即社会责任的剩余组成部分）。本章认为，在中国，企业慈善捐赠受多种因素影响，如经济、政策、文化及社会因素。由于发达国家和新兴经济体的信息透明度和市场化程度不同，它们对持续专业发展的动机和市场反应也应有所不同。现有的研究主要基于发达经济体，如美国和西欧国家等。与发达经济体相比，中国在区域经济发展方面存在巨大差异，而地方和中央政府控制着大部分关键资源，这导致税收优惠和土地成本等关键因素对企业慈善捐赠与市场绩效之间关系的影响更为明显（Wang et al.，2008）。因此不能把企业慈善捐赠看作一个整体进行研究，而首先应当厘清公司进行慈善捐赠的动机。与以往文献不同的是，本章将企业慈善捐赠分为期望捐赠（基于基本面的捐赠，即 Expected CPDs）和带有特殊目的超额捐赠（超额部分捐赠，即 Excess CPDs）；并对这两种捐赠在资本市场上如何发挥作用，以及是否能够发挥信号作用的机制进行了研究。在此基础上，本章探讨了资本市场中的重要组成部分和信息中介——分析师和企业慈善捐赠之间的交互机制。由于国有企业具有更强的政治关联和更好的政府关系，这些因素可能会对国有企业获取资源产生有利影响（Wang et al.，2008；Du et al.，2014）。针对国有企业的特征，我们研究了国有企业和私营企业与CPDs之间的交互效应。由于中国的市场发展在各地区之间存在巨大差异（樊纲等，2011），即东部沿海地区发达、中部地区欠发达、西部地区最不发达。在欠发达地区，由于地方政府期望公司进行捐赠以此减轻政府财政赤字，进行捐赠的企业也可获取有利资源（Dickson，2004）。因此，本章也探讨了地区发达和市场化程度如何影响企业慈善捐赠。

　　本章以2003~2014年A股上市公司为样本，研究了企业慈善捐赠对市场绩效的影响。结果表明，①与期望捐赠不同，超额捐赠与企业的未来市场收益具有正相关关系，这证实了超额捐赠的信号效应。②分析师比投资者更理性并且更关注基本信息，更关注期望捐赠并减少投资者对超额捐赠的过度反应。③国有企业的期望捐赠对企业未来市场收益具有显著的负面影响，但超额捐赠对市场回报没有明显影响。④超额捐赠和地区市场化程度存在显著的正向交互效应，这支持了信号假说。

　　本章的研究贡献在于如下4个方面：首先，本章将CPDs分解为期望捐赠和超额捐赠，测试其与企业未来市场表现之间的联系，弥补了相关研究的空白；其次，本章证明了分析师能够有效降低超额捐赠的市场过度反应，肯定其在企业管理中起到的价值发现作用；再次，国有企业的捐赠行为带来的市场反应小于民营企业，说明市场总体上认为国有企业捐赠有被迫摊派的可能性，为被迫捐赠动机提供了证据；最后，本章证明了在落后地区中进行超额慈善捐赠的企业会博得更高的投资者认可和好感。这些结果有助于管理层理解慈善捐赠的经济作用机理，促使其规范捐赠行为。

3.2 文献综述和假设提出

3.2.1 企业慈善捐赠和市场绩效

传统的企业金融理论认为，企业经营的唯一目标就是股东利益最大化（Friedman，1970）。Bowen（1953）将企业社会责任（Corporate Social Responsibility，CSR）定义为企业以为社会做出贡献为出发点而制定的政策或做出的行为。Davis（1960）进一步指出，企业慈善捐赠可以为企业带来长期经济利益，该观点在20世纪80年代被学界广为接受。企业慈善捐赠是企业社会责任中最重要的一部分，因此企业慈善捐赠可以作为企业提升未来绩效的战略管理方式。类似的，Choi等（2019）发现企业慈善捐赠对企业的企业社会责任评级有显著正面影响，这支持了企业慈善捐赠是企业社会责任活动的有效代理变量的论述。因此，制定慈善捐赠政策是管理层提高企业未来绩效的战略行为之一。一些研究从企业慈善捐赠和财务绩效关系方面证实了这个观点，如企业通过慈善捐赠加强和利益相关者的关系（Saiia et al.，2003）、获得更高的雇员忠诚度（Dutton et al.，1994）、更好的客户关系（Fombrun，2005）以及更紧密的政企关系（Dickson，2004），从而直接提升财务绩效（山立威等，2008）。此外，企业慈善捐赠还可以间接提升财务绩效，如企业慈善捐赠可以提升企业形象和商誉（Godfrey，2005；File and Prince，1998；Seifert et al.，2004）以及提供声誉保障（Godfrey，2005；Peloza，2006；唐跃军等，2014；戴亦一等，2014）。从利益相关者理论的角度看，与利益相关者关系更好的企业，财务绩效也更高（张敏等，2013；戴亦一等，2014；唐跃军等，2014）。Krüger（2015）发现，投资者会对CSR事件做出正面反应。

尽管大量文献支持慈善捐赠支出可以提高公司绩效和投资者利益，然而，此类研究并未阐明是哪一部分的慈善捐赠起到积极作用。Lys等（2015）通过将

CSR 分为两个部分来研究企业社会责任支出与企业绩效之间的关联：①最优 CSR（即企业社会责任支出中可用基本面因素估计的预期部分），可用投资假说解释；②偏离最优值（即 CSR 支出的剩余部分），可用信号假说解释。其结果支持了信号假说，表明公司的未来绩效与传达有关未来财务绩效信息的偏差有关，而不是与改善未来财务绩效有关的最优 CSR。就中国的企业慈善捐赠情况而言，其特点总结如下：发达地区的大型企业更倾向于捐赠，但与公司规模相比，捐赠量很小，而外界对捐赠的期望值可能较高，因此，企业仍然有动力做出超于期望的捐赠。参考 Lys 等（2015）的观点和捐赠在中国的性质，我们将企业慈善捐赠分为两个不同的部分：由基本面信息计算得出的期望捐赠，其反映了企业为改善财务绩效所付出的资源；和由残差部分得出的超额捐赠，其反映了有关未来财务绩效的信息。

期望捐赠作为一种维护企业必要资源的投资，有助于维护与利益相关者的关系（Saiia et al., 2003），获得员工（Dutton et al., 1994）、客户（Fombrun, 2005）以及政府（Dickson, 2004）的支持。从投资假说的角度来看，如果期望捐赠能够改善公司财务绩效，则其与市场绩效呈正相关关系。但是，中国的情况可能恰好相反，也就是说，期望捐赠所带来的资源会降低财务绩效。自 Auty（1993）提出资源诅咒理论以来，许多研究表明，资源禀赋较高的地区的经济增长率可能较低，这在产权制度不透明、法律制度不完善和市场规则不健全的地区更为普遍，这是丰富的资源禀赋引起的收入不平等和寻租腐败（Mehlum et al., 2006；Papyrakis and Gerlagh，2004）造成的。此外，袁建国等（2015）发现中国也存在资源诅咒效应。从资源诅咒理论的角度来看，如果期望捐赠带来的资源降低了财务绩效，并且投资者可以感知这种效果，则期望捐赠与市场绩效呈负相关。由于投资假说和资源诅咒效应的共同作用，预测期望捐赠与企业的未来市场表现有关，但其方向不可预测。

根据过度反应理论，当投资者获取企业的正面事件时，通常会对未来股价过于乐观（De Bondt and Thaler, 1985）。因此，超额慈善捐赠会传达有关公司未来财务前景的正向信号并暗示潜在的增长（Lys et al., 2015），其对股票表现的影响将超过预期捐赠。Jiang（2010）认为机构投资者倾向于青睐无形信息，这会导致股价过度反应。Ho 和 An（2017）也认为，无形信息对中国投资中价值溢价的存在做出了重大贡献，这与 Daniel 和 Titman（2006）的发现一致。因此，本章提出如下假设。

假设 3.1a：在其他条件不变的情况下，期望捐赠与企业未来市场表现相关。

假设 3.1b：在其他条件不变的情况下，超额捐赠与企业未来市场表现正相关。

3.2.2 分析师与企业慈善捐赠

根据假设 3.1a 和假设 3.1b 的理论推论，认为分析师跟踪对慈善捐赠与市场反应间关系的影响也是正向的，但不能确定其正向调节效应作用于慈善捐赠的哪个部分，这是由于分析师比投资者更理性，并且更关注基本面信息。以往关于分析师行为的研究强调，分析师关注企业社会责任行为（Zhang et al.，2015；Ioannou and Serafeim，2015）。Ioannou 和 Serafeim（2015）使用 1993 ~ 2007 年间美国上市公司的样本研究了分析师对企业社会责任态度的变化。他们发现，20 世纪 90 年代初分析师将企业社会责任视为代理成本，并对具有较高企业社会责任评级的企业做出了悲观评估。但是随着时间的推移，由于利益相关者的关注和代理倾向的弱化，分析师逐渐对这些公司进行了更为乐观的评估。随后的研究大多证明，企业社会责任与分析师跟踪正相关，而分析师跟踪对履行社会责任的公司的价值具有强烈的正向影响（Zhang et al.，2015）。因此，本书认为，企业慈善捐赠数量增加及分析师数量增加，导致市场反应更加积极。

根据有效市场假说，公司价值取决于公司的基本面信息，即当前和未来的运营与财务绩效决定了公司股票的内在价值，这在以中国为例的弱有效市场中尤为突出（Piotroski et al.，2015）。因此，分析师预测时尤其关注基于基本会计的绩效指标，如盈余质量（Previts et al.，1994）和现金流量（Call et al.，2009）。同时，年度报告中基本信息的披露与预测的准确性呈正相关（Hope，2003）。尽管最近的研究也支持了非财务信息在分析师预测中的重要性（Jiang，2010；Simpson，2010），但基本面数据仍然在分析师报告中占据最大比例。例如，Abdolmohammadi 等（2006）分析了 64 位分析师的季度推荐报告中包含的 7000 个要素，发现财务要素所占比例最高，为 26.2%，其次是估算部分，所占比例为 19.8%，非财务要素所占比例为 4.6%。Daniel 和 Titman（2006）将信息分为可以通过会计报表中所述的基本增长指标来解释的有形信息和无法解释的无形信息；Sun 和 Wei（2011）进一步发现了分析师在做出客观决策（如每股收益预测）时更多地依赖于有形信息。

在假设 3.1a 和假设 3.1b 中，本书推断出投资者会对过度的慈善捐赠反应过度，而忽略了预期捐赠，这可能会导致投资失败。然而，作为重要的信息中介

(Firth et al., 2013; Gu et al., 2013; Luo et al., 2015), 分析师能够有效缓解管理层和投资者之间的信息不对称，最大限度地减少投资者的短视行为（Lang and Lundholm, 1996)，帮助投资者理解和分析披露的信息（胡军等, 2016)，并规范缺乏投资者保护的新兴经济体公司的行为（Chen et al., 2016)。张然等（2017）证明了分析师纠正信息的价值来自于他们分析基础知识的能力，同时分析师在促进基础信息在中国的传播中发挥了作用。基于以上讨论，本章认为金融分析师更加理性，更加关注基本信息。他们关注企业慈善捐赠，并重视期望捐赠，帮助投资者减少对超额捐赠的过度反应。因此，本书提出如下假设。

假设 3.2a：在其他条件不变的情况下，分析师跟踪程度和期望捐赠的交互作用与市场反应正相关。

假设 3.2b：在其他条件不变的情况下，分析师跟踪程度和超额捐赠的交互作用与市场反应不相关。

3.2.3　企业所有制性质与捐赠：是投资信号还是被迫摊派

根据《中华人民共和国公益事业捐赠法》第四条之规定："捐赠应当是自愿和无偿的，禁止强行摊派或者变相摊派，不得以捐赠为名从事营利活动。"这条法律条文从侧面证明了我国捐赠存在行政摊派行为。当政府需要摊派捐赠时，首选对象应该是受其控制、政企关系密切的国有企业（Shleifer and Vishny, 1994），而国有企业只能被动接受。相比之下，私营企业相对自治，其慈善活动更可能符合市场法规。出于上述原因，市场可能并不认可国有企业的捐赠行为。Kao 等（2018）发现，市场对私营企业的社会责任行为反应良好，而对国有企业反应中性。同样，本书预测市场对国有企业的慈善捐赠会做出中立反应，这种后果可能是期望捐赠和超额捐赠的竞争性作用引起的。

根据上述论点，期望捐赠是一种维持关键资源的投资行为，政治资源也是其中之一（Boubakri et al., 2008）。然而政治资源也存在诅咒效应。Brollo 等（2013）发现，金融资源意外增加的地区腐败现象加剧。袁建国等（2015）发现，政治资源对中国企业创新和投资产生了挤出效应，这是由于维持政治联系的寻租成本可能会压缩研发支出，而拥有政治资源的企业由于政治联系和市场竞争间的相互替代效应，可能面临更低的市场竞争压力、缺乏发展动力。基于以上观点，我们认为国有企业的期望捐赠受到资源诅咒的影响大于私营企业，从而对市场表现产生负面影响。

相反，国有企业的超额捐赠可能是其获得稀缺资源的信号。在中国，国有企业和私营企业都需要通过履行社会责任受到政府的青睐（Li et al.，2017）。然而，与私营企业相比，国有企业可能有更多机会获得政府支持和优惠政策（Wang and Qian，2011），并获得稀缺资源。因此，国有企业获得了竞争优势，如获得银行贷款和信贷、更容易的项目批准以及避免外部竞争者的保护（Luo and Min，1997；Hellman et al.，2003；Bai et al.，2006；Faccio，2006；Ma and Parish，2006；Li et al.，2017），作为回报，他们必须积极承担更多的社会责任，并且更有可能做出超额捐赠。因此，投资者可能将国有企业的超额捐赠视为一个用于交换政治红利的积极信号，因此，本书提出如下假设。

假设 3.3a：在其他条件不变的情况下，国有企业的期望捐赠削弱市场反应。

假设 3.3b：在其他条件不变的情况下，国有企业的超额捐赠提高市场反应。

3.2.4 市场化程度的捐赠效应

尽管我国近年来经济发展很快，地区间的发展和市场化程度差异却依然存在（樊纲等，2011）。例如，东部沿海地区的经济发展程度较高，而中西部地区的市场化程度偏低。本章认为，市场化程度较低地区的企业捐赠，至少从三个方面会得到市场的认可。第一，政府回馈。经济不发达地区政府因为没有足够的财政资源去建造学校、修路或开展类似的项目，如果企业通过捐赠为政府解决一定的财政压力，则政府会给予捐赠企业一定的政策优惠作为回报（Dickson，2004），如政府补贴和税收减免。第二，投资者认可。财务较为宽松的企业会做更多的慈善捐赠（Hong et al.，2012），在市场化程度低的地区，这样的行为则更能吸引投资者注意，投资者会将超额慈善捐赠解读为企业在传递未来业绩较好的信号，而这种信号在不发达地区中更显得鹤立鸡群。第三，文化认可。中国投资者深受儒家思想的影响（Wang and Qian，2011），基于这种传统文化情结，投资者天然地认可慈善捐赠行为。与其他企业相比，在欠发达地区进行慈善捐赠的企业更受到投资者的青睐，并获得更多的道德认可和媒体关注。因此，本书提出如下假设。

假设 3.4a：在其他条件不变的情况下，欠发达地区企业的期望捐赠与市场反应相关。

假设 3.4b：在其他条件不变的情况下，欠发达地区企业的超额捐赠提高市场反应。

3.3 研究设计

3.3.1 样本选取与变量定义

本章的样本包括了 2003~2014 年沪深两市上市的 A 股公司。选取 2003 年作为起始年份的原因是公司捐赠数据始于 2003 年。对原始数据做如下处理和筛选：①由于金融行业具有特殊性，剔除金融行业的样本公司。②剔除数据不全的公司。③由于企业慈善捐赠支出的名称各不相同，因此通过手工收集整理。慈善捐赠支出列支于年度报表附注中的"非经营性支出"项目，根据企业会计准则规定，中国上市公司应定期披露慈善捐赠支出。④市场化程度数据来自于樊纲等（2011）编制的中国各地区（包括 31 个省、自治区和直辖市）市场化指数[①]。⑤失业率数据来自于各省（自治区、直辖市）统计年鉴中报告的"城镇登记失业率"。⑥财政赤字数据利用各省（自治区、直辖市）统计年鉴中报告的财政收入和财政支出数据计算而得。⑦其余各变量数据主要来自 CSMAR 数据库，年度股票波动率数据来源于 RESSET 数据库。⑧剔除 ST 类公司。对连续型财务指标进行了异常值处理，即进行了 1% 和 99% 分位点的 winsorize 处理。

本章的主要自变量为两个衡量分析师跟踪的新变量：①分析师的年平均报告数量（分析师跟踪强度，记为 Following Intensity）；②同一年度内跟踪某家公司分析师发布的最多报告数（分析师跟踪最大值，记为 Maximum Coverage）。这两个新的分析师跟踪变量比传统的分析师跟踪指标具有更高的信息含量（表 3-1）。

表 3-1 分析师跟踪变量的信息含量

	分析师发布报告数 （Report Number）	分析师跟踪人数 （Analyst Coverage）	分析师跟踪强度 （Following Intensity）	分析师跟踪最大值 （Maximum Coverage）
GROUP 1	9/29	22/29	23/29	22/29
GROUP 2	83/588	63/588	358/588	285/588

资料来源：吴武清等，2017

[①] 缺失年份数据是根据之前年份数据依指数变化率计算而得，事实上各个省（自治区、直辖市）的市场化程度相对不变，这种推算不失准确度。

本章将分析师跟踪分为：分析师发布报告数、分析师跟踪人数、分析师跟踪强度和分析师跟踪最大值。GROUP 1 中，将分析师跟踪作为因变量，GROUP 2 中，将分析师跟踪作为自变量。表3-1 中的比率代表信息含量，如第一行第一列中的9/29 表示29 个模型中的9 个回归结果表明 t 值显著。

表3-2 为文中变量的定义和描述。在半强势有效市场中，股价可以更全面地反映公司绩效（Lys et al.，2015），因此本书用累计超额收益（CAR）和买入–持有收益（BHAR）作为度量盈余公告效应的代理变量。我们将盈余公告日设置为事件日（day 0），而后计算自盈余公告日后第一天起的 6 个月、12 个月、18 个月和 24 个月的市场调节后股票回报率（Gong et al.，2008；Dasgupta et al.，2011）。

表3-2 变量定义

变量	定义	相关文献
MVW BHAR（1，240）	基于市值加权计算的（1，240）买入–持有回报率	Gong 等（2008）；Dasgupta 等（2011）
MVW CAR（1，240）	基于市值加权计算的（1，240）累计异常回报率	Gong 等（2008）；Dasgupta 等（2011）
Donation	公司捐赠除以公司总资产	杜兴强等（2010）；余明桂等（2010）；张敏等（2013）
Expected CPDs	根据公式（3-1）计算出的期望捐赠	Lys 等（2015）
Excess CPDs	超额捐赠，即公司实际捐赠减去期望捐赠	Lys 等（2015）
Following Intensity	分析师年度平均报告数	吴武清和万嘉滢（2018）
Maximum Coverage	年度 t 中对公司 i 发布报告最多的分析师报告数	揭晓小（2015a）
Analyst Coverage	分析师跟踪人数	Hong 等（2000）；Yu（2008）
Reporting Number	分析师发布报告数	Pevzner 等（2015）
MB	市值账面比率	Bhushan（1989）；Hong 等（2000）；Yu（2008）；Hotchkiss 和 Strickland（2003）
Leverage	负债与总资产的比值	Gong 等（2008）；Pevzner 等（2015）
SIZE	年权益市值的自然对数	Bhushan（1989）；Brennana 和 Hughes（1991）；Gong 等（2008）；Pevzner 等（2015）；揭晓小（2015b）

续表

变量	定义	相关文献
Industry Size	哑变量,若企业排名在行业前10,取值为1,否则取值为0	Pevzner 等（2015）
Reporting Lag	会计截止日期和报告公布日期的天数之差	Pevzner 等（2015）
CAR（-219，-20）	盈余公告日之前窗口期为（-219，-20）的累计异常收益率	Dasgupta 等（2011）
Volatility	年度日收益率波动率	Hong 等（2000）
Adj ROA	行业调整后的资产回报率	Yu（2008）
OCF	经营性现金流除以总资产	Yu（2008）

3.3.2 回归模型

3.3.2.1 企业慈善捐赠的组成

为了辨别企业慈善捐赠是和基本面相关的行为还是信号传递行为，我们将企业慈善捐赠划分为两个部分：①由企业基本面驱动的捐赠（基本面捐赠）；②企业实际捐赠和期望捐赠之间的差额（信号捐赠）。将第一部分定义为期望捐赠（Expected CPDs），第二部分定义为超额捐赠（Excess CPDs）。具体来说，借鉴 Lys 等（2015）的研究方法来计算公司的期望捐赠和超额捐赠①，回归模型 [式（3-1）] 如下：

$$CPDs_{i,t} = \delta_0 + \delta_1 \text{Firm Factors} + \delta_2 \text{Industry Factors} + \sum \text{Year} + \varepsilon_{i,t}$$

$$\text{Excess CPDs}_{i,t} = \text{Actrual CPDs}_{i,t} - \text{Expected CPDs}_{i,t} \quad (3\text{-}1)$$

将式（3-1）中被解释变量的拟合值作为期望捐赠的代理变量，将实际捐赠和期望捐赠的差额作为超额捐赠的代理变量。控制变量包括：①广告和研发费用（Wieser，2005；McWilliams and Siegel，2000）；②公司规模；③衡量公司财务风险的资产负债率和市账比（Orlitzky and Benjamin，2001）；④公司绩效变量，即经营性现金流和资产回报率（Campbell，2007）；⑤销售增长率；⑥公司所属省（自治区、直辖市）的政府财政赤字。此外，还控制了可能影响捐赠支出的行业和年度固定效应（Karpoff et al.，2005）。

---

① 此类研究方法近期被广泛应用于高管薪酬方面的研究，如 Yu（2008），Bebchuk 和 Grinstein（2005）。

3.3.2.2 企业慈善捐赠组成部分和企业未来市场绩效

通过上述模型计算出期望捐赠和超额捐赠，然后检验这两种捐赠对企业未来市场绩效的影响，回归模型如下：

$$Car(1,240)_{i,t} / BHAR(1,240)_{i,t} = \beta_1 + \beta_2 \text{Expected CPDs}_{i,t} + \beta_3 \text{Excess CPDs}_{i,t} + \sum Control + \sum Year + \sum Industry + \varepsilon_{i,t}$$
(3-2)

在下文的实证研究中，还将在不同的情景下对式（3-2）进行进一步研究。

3.3.2.3 企业慈善捐赠的信号作用：情景研究

（1）公司捐赠和分析师

本书希望了解的问题是：分析师是否可以分辨出期望捐赠和超额捐赠？如果可以，分析师能否将其观点传递给投资者？因此，在式（3-2）中加入分析师跟踪强度的交互项 Following Intensity×CPDs，并得到如下模型［式（3-3）］。

$$Car(1,240)_{i,t} / BHAR(1,240)_{i,t} = \gamma_1 + \gamma_2 \text{Expected Donation}_{i,t} + \gamma_3 \text{Excess Donation}_{i,t} + \gamma_4 \text{Expected Donation}_{i,t} \times \text{Following Intensity}_{i,t} + \gamma_5 \text{Excess Donation}_{i,t} \times \text{Following Intensity}_{i,t} + \gamma_6 \text{Following Intensity}_{i,t} + \sum Control + \sum Year + \sum Industry + \varepsilon_{i,t}$$
(3-3)

（2）公司捐赠和所有制性质

本书检验了在中国是否存在政府摊派捐赠，如果有，其在不同所有制性质的公司中是如何体现的。我们先定义国有企业的哑变量（Stateowned），如果一家公司由政府控股则定义为1，否则为0。随后我们将式（3-3）中的分析师跟踪强度（Following Intensity）替换为国有企业哑变量，以研究公司所有制性质如何调节慈善捐赠的市场绩效，并得到如下模型［式（3-4）］。

$$Car(1,240)_{i,t} / BHAR(1,240)_{i,t} = \lambda_1 + \lambda_2 \text{Expected CPDs}_{i,t} + \lambda_3 \text{Excess CPDs}_{i,t} + \lambda_4 \text{Expected CPDs}_{i,t} \times \text{Stateowned}_{i,t} + \lambda_5 \text{Excess Donation}_{i,t} \times \text{Stateowned}_{i,t} + \lambda_6 \text{Stateowned}_{i,t} + \sum Control + \sum Year + \sum Industry + \varepsilon_{i,t}$$
(3-4)

(3) 公司捐赠和市场化程度

本书检验了不同区域的市场化程度差异如何影响慈善捐赠的市场绩效。具体方法是将式（3-3）中的分析师跟踪强度替换为市场化指数，并得到模型[式（3-5）]。本章使用樊纲等（2011）编制的各地区的市场化总指数作为市场化程度（MarketingD）的代理变量。根据樊纲等（2011）的定义，该指数越小，地方政府越难以基于经济原则来管理经济。当企业所在省（自治区、直辖市）的市场化总指数低于样本中位数时，将 MarketingD 定义为 1，否则定义为 0。

$$\begin{aligned} \operatorname{Car}(1,240)_{i,t} / \operatorname{BHAR}(1,240)_{i,t} = & \mu_1 + \mu_2 \text{ Expected CPDs}_{i,t} + \mu_3 \text{ Excess CPDs}_{i,t} + \\ & \mu_4 \text{ Expected CPDs}_{i,t} \times \text{MarketingD}_{i,t} + \\ & \mu_5 \text{ Excess Donation}_{i,t} \times \text{MarketingD}_{i,t} + \\ & \mu_6 \text{ MarketingD}_{i,t} + \sum \text{Control} + \sum \text{Year} + \\ & \sum \text{Industry} + \varepsilon_{i,t} \end{aligned} \quad (3\text{-}5)$$

本章的控制变量主要为公司特征，包括公司历史绩效[CAR（−219，−20）]、市账比（MB）、公司负债率（Leverage）、公司规模（SIZE）、行业规模（Industry Size）、报告滞后期（Reporting Lag）及股票年波动率（Volatility）（Hotchkiss and Strickland，2003；Gong et al.，2008；Dasgupta et al.，2011；Pevzner et al.，2015）。此外，还控制了年度固定效应（Year Dummy）和行业固定效应（Industry Dummy）。

3.4 实证结果

3.4.1 描述性统计

表 3-3 列出了所有样本公司的描述性统计数据。其中因变量 CAR 的平均值为 0.071 17（0.039 49），中位数范围在−0.625 15～1.099 13；BHAR 的平均值为 0.073 36（−0.023 67），中位数范围在−0.992 44～2.514 59。在自变量方面，发现企业平均将其资产价值的 0.017% 用于捐赠，捐赠的中位数仅为 0.001 4%，这表明超过 50% 的上市公司进行捐赠。最小值和最大值分别为 0 和 0.298%。标准误差表明企业之间的捐赠费用差异很大。表 3-3 还描述了中国企业捐赠的特征，即这些捐赠差异很大，但与公司规模相比捐赠总量却很小。期望捐赠的平均

值(中位数)为 0.000 01(0.000 15),而超额捐赠的平均值(中位数)为 −0.000 57(−0.000 31)。如果实际捐赠金额大于期望捐赠,则超额捐赠将变为正;而如果实际捐赠金额小于期望捐赠,则超额捐赠变为负。在样本中,超额捐赠的中位数为负,这表明超过 50% 的中国上市公司的捐赠低于其预期捐赠。控制变量的统计量在合理范围内。

表 3-3 描述性统计

变量	样本量	平均值	中位数	标准误差	最小值	最大值
CAR(1, 240)	13 939	0.071 17	0.039 49	0.329 69	−0.625 15	1.099 13
BHAR(1, 240)	13 939	0.073 36	−0.023 64	0.503 83	−0.992 44	2.514 59
Donation	13 939	0.000 17	0.000 01	0.000 42	0.000 00	0.002 98
Expected CPDs	13 939	0.000 01	0.000 15	0.000 34	−0.000 36	0.000 81
Excess CPDs	13 939	−0.000 57	−0.000 31	0.000 72	−0.001 13	0.002 79
MB	13 939	1.647 44	1.270 37	1.471 80	0.042 51	9.894 14
Leverage	13 939	0.482 17	0.481 11	0.252 32	0.046 98	1.990 36
SIZE	13 939	21.676 06	21.688 99	1.147 05	18.413 07	24.892 28
Industry Size	13 939	0.078 97	0.000 00	0.269 69	0.000 00	1.000 00
Reporting Lag	13 939	4.463 50	4.499 81	0.299 32	3.258 10	4.787 49
CAR(−219, −20)	13 939	0.033 84	0.019 04	0.133 36	−0.265 44	0.495 61
Volatility	13 939	0.028 97	0.028 27	0.008 61	0.014 02	0.054 09
ROA+	13 939	−0.002 92	0.000 01	0.062 75	−0.383 01	0.176 13
OCF+	13 939	0.047 45	0.045 55	0.079 80	−0.211 89	0.268 39

3.4.2 企业慈善捐赠和企业市场绩效

表 3-4 报告了式(3-2)的回归结果。表 3-4 的(1)~(4)列中的被解释变量为 $BHAR_1$(基于市值加权计算的买入-持有异常回报率),$BHAR_2$(基于平均加权计算的买入-持有异常回报率),CAR_1(基于市值加权计算的超额异常回报率),CAR_2(基于平均加权计算的超额异常回报率)。事件日(day 0)为盈余公告日,事件窗口为公告日后的 240 个交易日(1, 240)。(5)~(8)列中的被解释变量同上。(1)~(4)列中的解释变量为实际企业慈善捐赠总额,(5)~(8)列中的解释变量为期望捐赠和超额捐赠。

表 3-4　慈善捐赠和公司市场绩效

	$BHAR_1$	$BHAR_2$	CAR_1	CAR_2	$BHAR_1$	$BHAR_2$	CAR_1	CAR_2
	(1)	(2)	(3)	(4)	(5)	(6)	(7)	(8)
Donation	45.26***	45.79***	32.18***	32.40***				
	(4.47)	(4.45)	(4.93)	(4.95)				
Expected CPDs					11.27	10.67	17.36	17.51
					(0.5)	(0.47)	(1.2)	(1.21)
Excess CPDs					22.15**	23.08**	11.11*	10.93*
					(2.24)	(2.29)	(1.74)	(1.71)
MB	−0.004	−0.002	−0.004	−0.003	−0.001	−0.0001	−0.002	−0.002
	(−1.00)	(−0.500)	(−2.00)	(−1.50)	(−0.25)	(−0.03)	(−1.00)	(−1.00)
Leverage	−0.06***	−0.048**	−0.09***	−0.09***	−0.07***	−0.05***	−0.09***	−0.09***
	(−3.11)	(−2.40)	(−7.33)	(−7.25)	(−3.42)	(−2.65)	(−7.58)	(−6.92)
SIZE	−0.09***	−0.09***	−0.07***	−0.07***	−0.09***	−0.09***	−0.07***	−0.07***
	(−17.80)	(−18.00)	(−22.67)	(−22.67)	(−18.00)	(−18.40)	(−23.00)	(−23.33)
Industry Size	0.06***	0.07***	0.04***	0.04***	0.06***	0.07***	0.04***	0.04***
	(3.21)	(3.63)	(3.42)	(3.50)	(3.32)	(3.68)	(3.50)	(3.58)
Reporting Lag	−0.04*	−0.04*	−0.04***	−0.04***	−0.04*	−0.04*	−0.04***	−0.04***
	(−1.76)	(−1.67)	(−3.00)	(−3.23)	(−1.81)	(−1.67)	(−3.00)	(−3.23)
CAR(−219,−20)	−0.18***	−0.15***	−0.09***	−0.07***	−0.19***	−0.15***	−0.09***	−0.07***
	(−5.32)	(−4.41)	(−3.96)	(−2.96)	(−5.44)	(−4.53)	(−4.09)	(−3.09)
Volatility	−2.20***	−2.27***	−1.06**	−1.27**	−2.21***	−2.28***	−1.06**	−1.27**
	(−2.63)	(−2.66)	(−1.97)	(−2.35)	(−2.64)	(−2.68)	(−1.97)	(−2.36)
Intercept	是	是	是	是	是	是	是	是
Industry Fixed	是	是	是	是	是	是	是	是
Year Fixed	是	是	是	是	是	是	是	是
Adj R^2	0.074	0.084	0.098	0.071	0.074	0.084	0.097	0.071
F 值	39.50***	45.33***	52.94***	37.75***	38.14***	43.80***	51.04***	36.34***
N	13 939	13 939	13 939	13 939	13 939	13 939	13 939	13 939

*、**、***分别表示系数在10%、5%和1%水平下显著;括号内为标准误差,下同

表 3-4（1）~（4）列中显示的结果表明,企业慈善捐赠（$\beta=45.26$, $p<0.01$; $\beta=45.79$, $p<0.01$; $\beta=32.18$, $p<0.01$; $\beta=32.40$, $p<0.01$）在所有模型中都与企业的未来市场表现呈正相关关系。表 3-4（5）~（8）列显示的结果表明,期望捐赠的系数不显著,而超额捐赠的系数（$\beta_3=22.15$, $p<0.05$; $\beta_3=23.08$, $p<0.05$; $\beta_3=11.11$, $p<0.1$; $\beta_3=10.93$, $p<0.1$）在所有模型中均显著为正。这些

发现表明，期望捐赠对企业的未来市场表现没有影响，其结果不支持 H3.1a 的投资假说，而超额捐赠则具有正面影响，表明 H3.1b 的信号假说成立。因此得出结论，企业慈善捐赠带来的正向市场反应是超额捐赠带来的信号价值，而非预期捐赠带来的投资价值。

3.4.3　企业慈善捐赠、分析师跟踪强度和公司市场绩效

在表 3-4 中，首先发现企业慈善捐赠和企业市场绩效呈正相关关系。但是，当将企业慈善捐赠区分为期望捐赠和超额捐赠后，进一步研究发现这种正相关关系是超额捐赠引起的。本节继续讨论分析师是否可以区分期望捐赠和超额捐赠，以及分析师对投资者的影响。表 3-1 证明了分析师跟踪强度比其他分析师跟踪变量（如分析师跟踪人数和分析师报告数）包含更多信息，因此用分析师跟踪强度作为分析师跟踪的代理变量。

表 3-5 列出了分析师跟踪强度的实证检验结果，（1）~（4）列中企业慈善捐赠与企业市场绩效之间关系显著为正；分析师跟踪强度和企业慈善捐赠的交互项（Following Intensity×Donation）系数为正但不显著。这个结果有两个可能的解释：分析师不在意企业慈善捐赠，或者投资者忽视分析师发布的有关慈善捐赠企业的投资建议。为了进一步厘清这个问题，需要检验期望捐赠和超额捐赠与分析师的交互项（Expected CPDs×Following Intensity 和 Excess CPDs×Following Intensity）效应，（5）~（8）列报告了对这两个交互项的检验结果。结果表明，期望捐赠和分析师跟踪强度的交互项系数显著为正（$\gamma_4 = 44.38$，$p<0.05$；$\gamma_4 = 44.57$，$p<0.05$；$\gamma_4 = 32.02$，$p<0.05$；$\gamma_4 = 31.49$，$p<0.05$），表明有分析师跟踪的企业期望捐赠会增强投资者正面反应，这个结果支持了 H3.3a；（5）~（6）列显示，Excess CPDs×Following Intensity 的系数不显著。表 3-5（7）~（8）列中显示的结果表明，Expected CPDs×Following Intensity 的系数（$\gamma_5 = -10.62$，$p<0.1$；$\gamma_5 = -10.78$，$p<0.1$）弱显著，H3.2b 得到部分支持，这表明中国分析师比较认可根据基本面进行捐赠的企业，而不认可进行超额捐赠的企业。分析师作为资本市场的信息中介，不但可以帮助投资者更好地认识与基本面相关的企业慈善捐赠，而且可以帮助投资者缓解对超额捐赠的过度反应。

表 3-5　慈善捐赠、分析师跟踪强度和市场绩效

	$BHAR_1$	$BHAR_2$	CAR_1	CAR_2	$BHAR_1$	$BHAR_2$	CAR_1	CAR_2
	(1)	(2)	(3)	(4)	(5)	(6)	(7)	(8)
Donation	43.27***	44.49***	31.32***	31.71***				
	(3.49)	(3.52)	(3.91)	(3.95)				
Expected CPDs					−20.33	−21.15	−5.75	−5.22
					(−0.76)	(−0.78)	(−0.33)	(−0.30)
Excess CPDs					32.59***	34.10***	18.51**	18.42**
					(2.76)	(2.84)	(2.43)	(2.41)
Donation× Following Intensity	1.79	0.85	0.08	−0.12				
	(0.18)	(0.09)	(0.01)	(−0.02)				
Expected CPD× Following Intensity					44.38**	44.57**	32.02**	31.49**
					(2.12)	(2.09)	(2.37)	(2.32)
Excess CPD× Following Intensity					−14.83	−15.77	−10.62*	−10.78*
					(−1.55)	(−1.62)	(−1.72)	(−1.75)
Following Intensity	0.005	0.006	0.007*	0.007*	−0.005	−0.005	−0.0001	−0.001
	(0.83)	(1.00)	(1.75)	(1.75)	(−0.63)	(−0.63)	(−0.02)	(−0.20)
MB	−0.004	−0.003	−0.004**	−0.004**	−0.002	−0.001	−0.003	−0.003
	(−1.00)	(−0.75)	(−2.00)	(−2.00)	(−0.50)	(−0.25)	(−1.50)	(−1.50)
Leverage	−0.06***	−0.05**	−0.09***	−0.08***	−0.06***	−0.05***	−0.09***	−0.09***
	(−3.00)	(−2.25)	(−6.54)	(−6.46)	(−3.32)	(−2.60)	(−6.85)	(−6.77)
SIZE	−0.09***	−0.09***	−0.07***	−0.07***	−0.09***	−0.09***	−0.07***	−0.07***
	(−17.80)	(−18.20)	(−22.67)	(−23.00)	(−18.20)	(−15.33)	(−23.33)	(−17.50)
Industry Size	0.06***	0.07***	0.04***	0.04***	0.06***	0.07***	0.04***	0.05***
	(3.26)	(3.68)	(3.58)	(3.67)	(3.37)	(3.72)	(3.67)	(3.75)
Reporting Lag	−0.04*	−0.03	−0.04***	−0.04***	−0.04*	−0.04*	−0.04***	−0.04***
	(−1.71)	(−1.62)	(−2.85)	(−3.15)	(−1.81)	(−1.67)	(−2.92)	(−3.15)
CAR (−219, −20)	−0.18***	−0.15***	−0.09***	−0.06***	−0.18***	−0.15***	−0.09***	−0.07***
	(−5.29)	(−4.35)	(−3.91)	(−2.86)	(−5.41)	(−4.50)	(−4.05)	(−3.00)
Volatility	−2.2***	−2.27***	−1.07**	−1.28**	−2.18***	−2.26***	−1.05*	−1.26**
	(−2.63)	(−2.67)	(−1.98)	(−2.36)	(−2.61)	(−2.65)	(−1.93)	(−2.32)
Intercept	是	是	是	是	是	是	是	是
Industry Fixed	是	是	是	是	是	是	是	是

续表

	BHAR$_1$	BHAR$_2$	CAR$_1$	CAR$_2$	BHAR$_1$	BHAR$_2$	CAR$_1$	CAR$_2$
	(1)	(2)	(3)	(4)	(5)	(6)	(7)	(8)
Year Fixed	是	是	是	是	是	是	是	是
Adj R^2	0.074	0.084	0.098	0.071	0.074	0.085	0.098	0.071
F 值	36.99***	42.45***	49.69***	35.46***	34.86***	40.00***	46.75***	33.35***
N	13 939	13 939	13 939	13 939	13 939	13 939	13 939	13 939

3.4.4 慈善捐赠和企业所有制性质

本节将检验摊派式捐赠是否存在，如果存在，其对国有企业和民营企业的影响有何不同？在式（3-3）的基础上，将分析师跟踪强度和深度指标替换为企业所有制性质，研究所有制属性对捐赠效应的影响，检验结果如表 3-6 所示。表 3-6 中，(1)~(4) 列中交互项 Donation×Stateowned 前的系数均为负数，表明国有企业的捐赠行为能给其带来的市场绩效要小于民营企业，说明市场总体上认为国有企业捐赠有被迫摊派的可能性，但是不显著，这说明国有企业捐赠也有市场行为动机，为被迫捐赠动机提供了微弱的证据，如预料之中的给出了一个噪声结果。为此，需要进一步分析是市场行为动机强还是被迫捐赠行为强，分析方法是将捐赠分为期望捐赠和超额捐赠。表 3-6 (5)~(8) 列中发现，Expected CPDs×Stateowned 前的系数（$\lambda_4 = -84.7$，$p<0.05$；$\lambda_4 = -77.11$，$p<0.1$；$\lambda_4 = -51.26$，$p<0.05$；$\lambda_4 = -46.61$，$p<0.1$）均为负数且显著，支持假设 3.3a，这是因为依据企业基本面进行的捐赠是能被市场认可的企业可以承担的部分，特别地，这也是政府所认为的企业所能承受的捐赠额度。这一交互项系数负显著，表明对同等合理的捐赠额度，投资者更认可民营企业而非国有企业。这是因为在市场看来，国有企业捐赠很大程度属于被迫行为，而非出于主动的市场动机。而 Excess CPDs×Stateowned 的系数为正且基本不显著，不支持假设 3.3b。这是由于依据超额部分进行的捐赠理论上表明企业是在释放良好信号，但投资者仍然认为国有企业的超额捐赠行为不是基于其未来绩效，而是基于政府分摊。因此，市场不会将国有企业的超额捐赠行为视为对其未来业绩的积极信号。

表3-6 慈善捐赠、所有制性质和市场绩效

	$BHAR_1$	$BHAR_2$	CAR_1	CAR_2	$BHAR_1$	$BHAR_2$	CAR_1	CAR_2
	(1)	(2)	(3)	(4)	(5)	(6)	(7)	(8)
Donation	42.25***	42.73***	29.36***	29.77***				
	(3.18)	(3.16)	(3.48)	(3.53)				
Expected CPDs					51.13*	47.61	40.37**	37.94**
					(1.79)	(1.64)	(2.23)	(2.09)
Excess CPDs					10.58	11.69	5.79	6.09
					(0.77)	(0.83)	(0.66)	(0.69)
Donation× Stateowned	−16.09	−15.94	−10.58	−11.75				
	(−0.74)	(−0.73)	(−0.77)	(−0.86)				
Expected CPDs× Stateowned					−84.70**	−77.11*	−51.26**	−46.61*
					(−2.14)	(−1.92)	(−2.04)	(−1.86)
Excess CPDs× Stateowned					21.31	20.76	7.99	6.82
					(1.04)	(0.99)	(0.61)	(0.52)
Stateowned	−0.03**	−0.03**	−0.02**	−0.02**	−0.02	−0.02	−0.01	−0.02*
	(−2.27)	(−2.46)	(−2.29)	(−2.43)	(−1.14)	(−1.27)	(−1.44)	(−1.67)
MB	−0.005	−0.004	−0.003	−0.002	−0.003	−0.002	−0.002	−0.001
	(−1.25)	(−1.00)	(−1.00)	(−0.67)	(−0.75)	(−0.50)	(−0.67)	(−0.33)
Leverage	−0.05**	−0.03	−0.08***	−0.08***	−0.05**	−0.04*	−0.08***	−0.08***
	(−2.24)	(−1.57)	(−6.00)	(−5.92)	(−2.43)	(−1.68)	(−6.23)	(−6.08)
SIZE	−0.1***	−0.1***	−0.08***	−0.08***	−0.1***	−0.1***	−0.08***	−0.08***
	(−16.33)	(−16.50)	(−18.75)	(−19.00)	(−16.50)	(−16.67)	(−19.25)	(−19.25)
Industry Size	0.06***	0.07***	0.04***	0.04***	0.07***	0.07***	0.04***	0.04***
	(3.05)	(3.38)	(3.23)	(3.23)	(3.10)	(3.48)	(3.31)	(3.39)
Reporting Lag	−0.04*	−0.03	−0.04***	−0.04***	−0.04*	−0.03	−0.04***	−0.04**
	(−1.82)	(−1.35)	(−2.86)	(−2.64)	(−1.86)	(−1.39)	(−2.86)	−2.57
CAR (−219, −20)	−0.21***	−0.17***	−0.11***	−0.08***	−0.21***	−0.18***	−0.11***	−0.08***
	(−5.86)	(−4.78)	(−4.77)	(−3.68)	(−5.97)	(−4.89)	(−4.86)	(−3.82)
Volatility	−2.84***	−2.88***	−1.65***	−1.86***	−2.79***	−2.84***	−1.6***	−1.82***
	(−3.17)	(−3.16)	(−2.90)	(−3.27)	(−3.11)	(−3.12)	(−2.82)	(−3.19)
Intercept	是	是	是	是	是	是	是	是
Industry Fixed	是	是	是	是	是	是	是	是

续表

	BHAR$_1$	BHAR$_2$	CAR$_1$	CAR$_2$	BHAR$_1$	BHAR$_2$	CAR$_1$	CAR$_2$
	(1)	(2)	(3)	(4)	(5)	(6)	(7)	(8)
Year Fixed	是	是	是	是	是	是	是	是
Adj R^2	0.075	0.091	0.099	0.083	0.076	0.091	0.099	0.083
F 值	36.33***	44.53***	48.58***	39.98***	34.40***	42.08***	45.96***	37.92***
N	13 939	13 939	13 939	13 939	13 939	13 939	13 939	13 939

3.4.5 地区市场化程度和企业慈善捐赠的市场效应：投资信号还是常与善人

本节检验了不同地区市场化程度额差异对企业慈善捐赠的市场效应的影响，检验结果如表3-7所示。表3-7中，（1）~（4）列中交互项 Donation×MarketingD 前的系数（$\mu = 47.48$，$p<0.1$；$\mu = 51.17$，$p<0.05$；$\mu = 42.96$，$p<0.01$；$\mu = 44.15$，$p<0.01$）均为正且显著，表明市场化程度较低地区的企业慈善捐赠效果更为显著，等量捐赠带来更大的绩效。这符合中国传统文化对乐善好施者的认可和奖励，投资者将基于这种情结对这种股票大加追捧，也符合投资信号理论。表3-7（5）~（8）列中将 Donation 进一步分解为期望捐赠和超额捐赠两部分，发现 Excess CPDs×MarketingD 前的系数（$\mu_5 = 44.38$，$p<0.1$；$\mu_5 = 52.16$，$p<0.05$；$\mu_5 = 29.81$，$p<0.05$；$\mu_5 = 30.49$，$p<0.05$）均为正且显著，支持假设 3.4b；而 Expected CPDs×MarketingD 前的系数为负且基本不显著，表明市场对市场化程度较低地区捐赠公司的认可并不是基于公司股票的基本面，而是来源于中国的传统文化情结或者可能的未来绩效。结合前面对分析师行为的分析，分析师不认为这种投资决策是合理的，从而表明这种信号并非预示着公司有较好的增长前景，而只是来源于市场对乐善好施者的肯定。

表3-7 慈善捐赠、市场化程度和市场绩效

	BHAR1	BHAR2	CAR1	CAR2	BHAR1	BHAR2	CAR1	CAR2
	(1)	(2)	(3)	(4)	(5)	(6)	(7)	(8)
Donation	24.86**	25.2**	16.15**	15.98**				
	(2.03)	(2.02)	(2.08)	(2.06)				

续表

	BHAR1	BHAR2	CAR1	CAR2	BHAR1	BHAR2	CAR1	CAR2
	(1)	(2)	(3)	(4)	(5)	(6)	(7)	(8)
Expected CPD					30.38	34.37	21.75	21.88
					(1.22)	(1.36)	(1.38)	(1.39)
Excess CPD					7.07	6.18	0.7	0.47
					(0.58)	(0.50)	(0.09)	(0.06)
Donation× MarketingD	47.48*	51.17**	42.96***	44.15***				
	(1.91)	(2.03)	(2.73)	(2.81)				
Expected CPD× MarketingD					−72.97	−90.79**	−23.94	−26.54
					(−1.61)	(−1.97)	(−0.84)	(−0.93)
Excess CPD× MarketingD					44.38*	52.16**	29.81**	30.49**
					(1.87)	(2.16)	(1.98)	(2.03)
MarketingD	−0.03**	−0.02**	−0.03***	−0.03***	0.01	0.01	−0.01	−0.01
	(−2.08)	(−2.00)	(−4.14)	(−4.14)	(0.38)	(0.77)	(−0.80)	(−0.70)
MB	−0.005	−0.003	−0.003	−0.002	−0.003	−0.001	−0.002	−0.001
	(−1.25)	(−0.75)	(−1.50)	(−1.00)	(−0.75)	(−0.25)	(−0.67)	(−0.33)
Leverage	−0.06***	−0.05**	−0.09***	−0.08***	−0.06***	−0.05**	−0.09***	−0.09***
	(−2.81)	(−2.09)	(−6.54)	(−6.46)	(−3.00)	(−2.27)	(−6.69)	(−6.62)
SIZE	−0.11***	−0.11***	−0.08***	−0.08***	−0.11***	−0.11***	−0.08***	−0.08***
	(−17.67)	(−18.00)	(−20.50)	(−20.50)	(−17.83)	(−18.17)	(−20.75)	(−20.75)
Industry Size	0.07***	0.08***	0.05***	0.05***	0.07***	0.08***	0.05***	0.05***
	(3.29)	(3.71)	(3.46)	(3.46)	(3.33)	(3.76)	(3.46)	(3.54)
Reporting Lag	−0.04	−0.03	−0.04***	−0.03**	−0.04	−0.03	−0.04***	−0.03**
	(−1.64)	(−1.13)	(−2.71)	(−2.43)	(−1.64)	(−1.13)	(−2.64)	(−2.36)
CAR(−219, −20)	−0.2***	−0.17***	−0.11***	−0.09***	−0.21***	−0.17***	−0.11***	−0.09***
	(−5.67)	(−4.72)	(−4.74)	(−3.70)	(−5.72)	(−4.75)	(−4.78)	(−3.74)
Volatility	−2.83***	−2.91***	−1.65***	−1.86***	−2.75***	−2.83***	−1.61***	−1.82***
	(−3.13)	(−3.17)	(−2.89)	(−3.25)	(−3.04)	(−3.07)	(−2.81)	(−3.18)
Intercept	是	是	是	是	是	是	是	是
Industry Fixed	是	是	是	是	是	是	是	是

续表

	BHAR1	BHAR2	CAR1	CAR2	BHAR1	BHAR2	CAR1	CAR2
	(1)	(2)	(3)	(4)	(5)	(6)	(7)	(8)
Year Fixed	是	是	是	是	是	是	是	是
Adj R^2	0.078	0.093	0.104	0.086	0.078	0.093	0.103	0.086
F 值	35.13***	42.22***	47.61***	39.20***	32.98***	39.67***	44.49***	36.57***
N	13 939	13 939	13 939	13 939	13 939	13 939	13 939	13 939

3.5 进一步讨论

3.5.1 稳健性检验

本书进行了各种稳健性检验，以确保主检验部分的结果具有稳健性。首先，对被解释变量进行了替换，使用标准化未预期盈余（SUE）作为市场反应的代理变量。吴世农和吴超鹏（2005）以沪市 A 股上市公司为样本，以标准化未预期盈余为排序指标，发现 2000~2001 年中报和年报公布后半年内盈余惯性现象显著存在。遵循这些研究的论点，再加上其他考虑因素，包括减轻时滞效应（Lys et al., 2015）以及 CPDs 与财务绩效之间因果关系逆向所引起的内生性（Brown et al., 2011），使用第二年 12 月底的 SUE 作为被解释变量，该变量表示公司在事件日（day0）后大约 9 个月的未预期盈余情况，使用以下模型来检验表 3-4 中的信号假说：

$$SUE_{i,t} = \beta_1 + \beta_2 \text{Expected CPDs}_{i,t} + \beta_3 \text{Excess CPDs}_{i,t} + \sum \text{Control} + \sum \text{Year} + \sum \text{Industry} + \varepsilon_{i,t} \quad (3\text{-}6)$$

参照 Basu 等（2010）的做法，将 SUE 定义为公司 i 最新公布的收益减去四季度前的收益，并按标准差进行标准化。此外，参考 Lopez 和 Rees（2002）的研究，使用账面市值比（MB）、杠杆率（Leverage）、公司规模（SIZE）、现金流量（Cash Flow）、ROA 和最大股东持股比例（Ownership Concentration）作为控制变量。未列表结果表明，Donation 与 SUE 呈正相关；Expected CPDs 的系数不显著，而 Excess CPDs 的系数显著为正，支持假设 3.1a 和假设 3.1b，证实了信号假说。

随后，对分析师跟踪的代理变量进行替换。吴武清等（2017）发现，对同一家公司发布报告数最多的分析师（Maximum Coverage）指标，比其他指标的信息含量高。因此我们用 Maximum Coverage 代替式（3-6）中的分析师跟踪强度，作为与 Donation 的交互项重新进行回归。现有文献也通常使用其他两个代理变量，包括 Analyst Coverage，即一年内关注该公司的分析师数量（Hong et al., 2000; Yu, 2008），以及 Reporting Number，即一年内跟踪该公司的分析师报告数量（Pevzner et al., 2015）。未列表结果与假设 3.2a，假设 3.2b 一致。

总之，上述结果再次证实了假设：超额捐赠对投资者有信号作用，分析师可以削弱投资者对超额捐赠的过度反应，并提升他们对公司基本面的认知。

而后，进行其他的稳健性检验：将 BHAR 和 CAR 的窗口期替换为 360 天、120 天和 480 天，表 3-4～表 3-6 结论依然稳健。

最后，本章中使用了全样本数据，其中包括零捐赠的公司。因此，我们用非零捐赠公司作为样本，对式（3-2）～式（3-6）重新进行估算，表 3-4～表 3-6 结论依然稳健。

3.5.2 企业慈善捐赠、分析师跟踪和企业财务绩效

在本节中，我们主要讨论企业慈善捐赠对企业财务绩效的影响，以及分析师等调节因素在其中的作用。各个模型中，我们以 ROA+ 和 OCF+ 两种基于会计的绩效指标作为被解释变量，ROA+ 代表该公司的下一年度 ROA 减去行业的 ROA 的中位数，OCF+ 代表下一年的运营现金流量除以该公司总资产的比率。选择滞后项的主要原因如下：首先，慈善捐赠对企业财务绩效的影响需要一定的传导时间；其次，采用滞后一年的企业财务绩效可以消除企业慈善捐赠和企业财务绩效之间由逆向因果关系造成的内生性。表 3-8 中显示的结果与表 3-4～表 3-7 中的发现不一致。特别是，不支持超额捐赠对企业财务绩效的信号影响。因此，得出结论：企业慈善捐赠的信号作用容易被市场感知，但对企业财务绩效指标作用不明显。

表 3-8 慈善捐赠、分析师跟踪和财务绩效

		ROA+	OCF+	ROA+	OCF+
		(1)	(2)	(3)	(4)
Model（1）Signaling Hypothesis	Donation	5.81*** (5.32)	7.17*** (4.68)		

续表

		ROA+ (1)	OCF+ (2)	ROA+ (3)	OCF+ (4)
Model（1） Signaling Hypothesis	Expected CPDs			2.14 (0.90)	4.77 (1.42)
	Excess CPDs			1.44 (1.32)	1.18 (0.77)
	Adj R^2	0.312	0.164	0.311	0.163
	F 值	114.93***	50.25***	112.54***	49.18***
	N	13 939	13 939	13 939	13 939
Model（2） Following Intensity	Donation	6.76*** (5.07)	8.18*** (4.36)		
	Expected CPDs			−1.32 (−0.46)	−0.869 (−0.22)
	Excess CPDs			3.07** (2.37)	3.21* (1.76)
	Donation×Following Intensity	−1.46 (−1.40)	−1.59 (−1.08)		
	Expected CPDs×Following Intensity			4.69** (2.11)	7.77** (2.48)
	Excess CPDs×Following Intensity			−2.45** (−2.35)	−2.92** (−1.99)
	Following Intensity	0.002*** (3.86)	0.002*** (2.74)	0.001 (0.63)	−0.0001 (−0.02)
	Adj R^2	0.313	0.164	0.312	0.164
	F 值	111.39***	48.70***	107.44***	47.00***
	N	13 939	13 939	13 939	13 939
Model（3）SOE	Donation	6.19*** (4.43)	6.54*** (3.16)		
	Expected CPDs			15.85** (2.33)	8.69 (0.86)
	Excess CPDs			3.05** (2.13)	2.26 (1.06)

续表

		ROA+	OCF+	ROA+	OCF+
		(1)	(2)	(3)	(4)
Model (3) SOE	Donation×Stateowned	−1.41	−1.51		
		(−0.64)	(−0.46)		
	Expected CPDs×Stateowned			−12.92**	6.75
				(−2.16)	(0.76)
	Excess CPDs×Stateowned			−0.93	−0.44
				(−0.42)	(−0.13)
	Stateowned	0.002	−0.001	0.005**	−0.004
		(1.41)	(−0.30)	(−2.30)	(−1.07)
	Adj R^2	0.35	0.17	0.349	0.169
	F 值	68.57***	26.71***	66.02***	25.68***
	N	7399	7399	7399	7399
Model (4) MarketingD	Donation	4.85***	1.94***		
		(3.72)	(3.99)		
	Expected CPDs			24.35***	34.21***
				(3.53)	(3.39)
	Excess CPDs			3.81***	3.99**
				(2.93)	(2.05)
	Donation×MarketingD	0.14	−9.77***		
		(0.06)	(−2.64)		
	Expected CPDs×MarketingD			19.44***	−11.65
				(2.68)	(−1.07)
	Excess CPDs×MarketingD			−3.30	−6.17
				(−1.30)	(−1.62)
	MarketingD	0.003	−0.001	−0.002	0.001
		(0.91)	(−0.01)	(−0.59)	(0.15)
	Adj R^2	0.348	0.167	0.35	0.167
	F 值	67.85***	26.04***	66.04***	25.20***
	N	7256	7256	7256	7256

3.6 结　论

本章基于企业期望捐赠和超额捐赠的视角，对 2003～2014 年沪深上市的 A 股公司的慈善捐赠行为对市场绩效的影响进行了研究，并分别讨论了分析师、企业所有制性质和企业所在地市场化程度的调节作用。研究发现：

1）企业慈善捐赠作为一个整体性指标，其和企业市场绩效为正向显著关系，代表投资者对公司慈善捐赠持乐观态度。但是，整体性指标并不能表明究竟是什么动机引起了这种正相关关系。为此，本章的贡献之一是将企业慈善捐赠分为期望捐赠和超额捐赠。在此基础上，研究发现，这种正相关关系是由超额捐赠引起的，期望捐赠和企业未来市场绩效不相关。

2）有分析师跟踪的期望捐赠会增强投资者正面反应；相反，分析师在某种程度上降低了超额捐赠的市场反应，这从侧面支持了分析师的价值发现功能。总而言之，研究发现中国分析师比较认可根据基本面进行捐赠的公司，而不认可进行超额捐赠的公司。分析师作为资本市场的信息中介，不但可以帮助投资者更好地认识与基本面相关的公司捐赠，而且可以帮助投资者缓解对超额捐赠的过度关注。

3）国有企业的捐赠行为能为其带来的企业市场绩效要小于民营企业，说明市场总体上认为国有企业捐赠有被迫摊派的可能性，为被迫捐赠动机提供了证据。由于这是一个噪声结果，为此，我们通过将企业捐赠分为期望捐赠和超额捐赠，进一步分析国有企业的捐赠行为是市场动机强，还是被迫捐赠动机强？研究发现，国有企业的期望捐赠部分会降低企业未来市场绩效，而其超额捐赠部分不影响其未来市场绩效。这表明，在投资者看来，国有企业捐赠很大程度上属于被迫行为，而非出于主动的市场动机，投资者并不认为国有企业超额捐赠会带来企业未来市场绩效的提升。相反地，预期捐赠被认为是履行行政摊派或者行政作秀，从而可能给长期绩效带来损害，使市场反应更为负面。

4）在市场化程度低的地区，政府在履行其行政职能时面临更大的财政压力，而进行慈善捐赠的公司在某种程度上缓解了政府的压力，因此更可能得到政府的优惠和补贴。中国的传统文化也更认可乐善好施的企业，落后地区中进行超额慈善捐赠的公司会博得投资者更高的认可和好感，也会有更好的市场绩效。

本章的研究拓展了现有文献对慈善捐赠市场反应的认识，分析了企业进行期望捐赠和超额捐赠的动机，探讨了不同情境下投资者对企业期望捐赠和超额捐赠的反应。本章对实践的指导意义在于：有助于分析师和投资者更好地理解、识别企业慈善捐赠及其对企业市场绩效的预示，更加理性地选择投资标的，提高资本市场的有效性；也有助于政府更好地了解企业慈善捐赠行为背后的动机，以便更加科学合理地制定补贴政策、产业政策等。

第4章　分析师能向市场传递企业盈余管理信息吗

4.1 引　　言

公司运营效率和信息环境息息相关，信息透明度越低，代理问题越严重，偏离最优资源配置的可能性越大，越容易对公司绩效造成影响。信息透明度的提高将降低股票特质波动率（熊伟等，2015）。而已有研究普遍认为，我国上市公司的总体信息环境较差，信息透明度较低[①]。一般投资者没有能力辨别和理解复杂的企业信息，所以信息透明度和投资者很难发生直接联系，甚至出现不知情投资者被拥有信息优势的企业所误导的现象。此时，作为资本市场重要信息中介的分析师，能否较好地识别企业信息，并履行收集、分析和传递信息的专业职能，将企业信息透明度融入报告中，进而将其传递给广大的投资者呢？本章基于这一逻辑，探讨分析师向市场传递信息透明度的中介作用。

企业信息种类繁多，而会计盈余是其中最为重要的特质信息，所以本章借鉴 Hutton 等（2009）的研究方法，从信息透明度的盈余管理维度入手，区分了真实盈余管理和应计盈余管理[②]。在分析师关注程度方面，则使用新的代理变量——分析师跟踪强度。基于该新指标，本章利用 2001~2014 年中国 A 股市场的数据，研究了企业盈余管理程度对分析师关注度的影响，并分解出盈余管理的方向效应。研究结果表明，第一，分析师偏好跟踪盈余管理程度低的公司；第二，分析师既能区分应计盈余管理和真实盈余管理，也能识别正向和反向盈余管理。以上

[①] 潘越等（2011）认为中国资本市场信息不透明是一个不争的事实，他们列举了普华永道（2001）、Jin 和 Myers（2006）的调查和研究证据；国外研究认为，中国股市中大多数投资者是通过内幕信息交易的，只有少数投资者通过公开信息交易（La Porta et al., 1999），且上市公司盈余管理较为严重（Leuz et al., 2003）。

[②] 盈余水平是公司最为重要的信息，而公司高管也会利用信息不对称，在应计盈余管理和真实盈余管理之间进行斡旋，以最低的盈余管理成本获得对管理层最为有利的盈余结果，如在需要股权激励时进行负向盈余管理，而为了个人升职或更高的奖金，则可能进行正向盈余管理。

结果说明分析师能有效地发挥中介作用,将企业盈余管理信息传递给投资者。

本章的理论和实务贡献主要体现在:

第一,首次使用分析师跟踪强度作为分析师关注度的代理变量,替代以往研究中采用分析师跟踪人数和分析师报告数的普遍做法①(Xin et al.,2006)。新指标结合了过去两个常用指标的信息,通过测试600余个模型的结果也证明了基于相关性标准,新指标比分析师跟踪人数和分析师报告数有更丰富的信息含量(表4-1,具体解释见4.5节)。

表4-1 分析师跟踪强度、分析师跟踪人数和分析师报告数信息含量对比

	残差分析师报告数	残差分析师跟踪人数	分析师跟踪强度
分析师关注度模型	9/29	22/29	23/29
信息透明度、分析师跟踪和市场反应模型	83/588	63/588	358/588

注:表中数据是分析师关注度作为因变量/解释变量时,t检验显著的占比个数,比值越大表明信息含量越大

第二,目前国内外文献主要关注分析师如何影响信息透明度,而本章的研究丰富了关于信息透明度对分析师跟踪产生影响的文献。同时,我国上市公司的总体信息透明度较差(潘越等,2011;张宗新和杨通旻,2014),使得这一研究更具现实意义。

第三,本章的研究丰富了关于公司信息传递的文献。本章解释了在投资者获得企业信息过程中的分析师作用的机制。在进一步讨论中,本章讨论了信息透明度的其他常用代理变量对分析师跟踪强度的影响,并对比研究了分析师关注度的各种代理变量的信息含量,进一步验证了该机制的存在。

4.2 文献回顾和理论假设

4.2.1 盈余管理和分析师跟踪强度

以往研究分析师跟踪的文献,一般采用分析师跟踪人数和分析师报告数作为

---

① 通常的做法是用分析师跟踪人数作为解释变量或者被解释变量,而用分析师报告数作为稳健性测试变量。

分析师关注度的代理变量,而本章使用的指标——分析师跟踪强度[①]有机结合了这两者的信息。本章采用分析师跟踪强度指标是基于以下两个理由:第一,该指标不存在选择性偏差,从而在建模前不必先进行选择性偏差调整。揭晓小(2015a,b)认为和国外发达国家股票市场不同,研究中国分析师跟踪问题时,推荐选用残差分析师覆盖,以减少选择性偏差引起的模型估计偏误。第二,该指标比分析师跟踪人数和分析师报告数更具有信息含量。以往文献中常单独使用分析师跟踪人数和分析师报告数,但没有将其结合起来考虑。事实上,分析师跟踪人数和分析师报告数代表两个不同的信息维度。分析师跟踪某个公司可能迫于外部压力或者出于羊群效应,而分析师平均报告数,才体现出分析师作为一个群体对某个公司的关注强度。故这项复合指标有益地提炼了两个维度的信息。

本章借鉴 Hutton 等(2009)的研究方法,从公司信息透明度的盈余管理维度进行研究。首先研究了分析师对真实盈余管理和应计盈余管理的反应。其中,应计盈余管理指通过改变会计方法或某些财务项目的估值方式来实现盈余目标;真实盈余管理则是一种通过改变经营活动、投资或融资行为以获取期望的盈余结果的行为。例如,Fields 等(2001)所说,一次只研究一种盈余管理方法无法解释盈余管理行为的总影响,无法得到确切的结论和提供更全面的证据,这也是本章比较真实盈余管理和应计盈余管理的意义所在。此外,正向和负向盈余管理也是值得深入研究的方向:杨海燕等(2012)和李琦等(2011)均从盈余管理的分解中获得了有价值的结论。已有文献提供了一些分析师对公司治理产生正面影响的证据。例如,储一昀和仓勇涛(2008)发现分析师的参与有利于降低管理者和投资者之间的信息不对称性,从而改善投资者对公司的监督水平。正因为分析师可以给企业带来降低代理成本等实质性的经济利益(Lang et al.,2004),其才能对管理层决策产生影响。

目前分析师对盈余管理的影响有三种理论假说。①压力假说。如果经营业绩未达到分析师的盈利预期,经理人会被减薪(Matsunaga and Park,2001),解聘的可能性也将增大(Wiersema and Zhang,2011),乃至于被解雇(Hazarika et al.,2012)。Graham 等(2005)发现经理人会背离股东利益最大化的目标,迎合分析师预期,进行盈余管理。②监督假说。金融中介的分析师,因其独立的客观性、专业的投资研究能力和对企业长期而持续的考察和关注,被金融市场认为是监督企业的第三方力量。分析师通过定期跟踪企业财务报表,在业绩报告会上

---

① 最初的应用可见于描述性统计中,如苏治和魏紫(2013)的文献。

进行质询而对企业进行直接监督，或通过分析师报告、电视、报纸等媒体发布投资信息，间接约束管理者的不当行为（Healy and Palepu，2001）。③显示假说。该假说认为，如果分析师不能有效地在企业和投资者之间传递信息，管理层就会进行盈余管理以披露信息（Christie and Zimmerman，1994）。压力假说认为分析师跟踪和盈余管理之间是正向关系，而监督假说和显示假说则认为分析师跟踪和盈余管理之间是负向关系。已有实证论文的结论也存在争议：Fischer 等（2010）提出公司公开信息越多，分析师跟踪越多；白晓宇（2009）也发现上市公司信息披露政策越透明，则分析师跟踪越多。而 Rock 等（2000）得出了与之相反的结论，即公司透明度越高，分析师跟踪越少。Barth 等（2001）则发现分析师从信息不对称性高的公司获取的私有信息可以给他们带来更多的利益。本书认为，我国分析师作为价值发现者，更倾向于跟踪信息透明度高、盈余管理程度越小的公司。根据上述分析，提出假设4.1。

假设4.1：公司盈余管理程度越小①，分析师跟踪强度越高。

Hribar and Nichols（2007）指出，如果仅考虑盈余管理的程度，不考虑盈余管理的方向，将会导致研究结论出现错误。分方向看，正向盈余管理的结果是提高了企业当期业绩，而负向盈余管理的结果则是降低了企业当期业绩。本章认为，分析师普遍具有较高的研究水平和较丰富的从业经验，可以区分出企业的正向和负向应计盈余管理，并对其做出不同的反应。Hayes（1998）指出，分析师倾向于跟踪业绩良好的企业，分析师会对正向应计盈余管理的公司更为青睐②。根据上述分析，提出假设4.2。

假设4.2：负向应计盈余管理程度越大，则分析师跟踪强度越低；相对于负向应计盈余管理，分析师更倾向于选择跟踪正向应计盈余管理的企业；并且正向的应计盈余管理程度越大，分析师跟踪强度越高。

在假设4.2的基础上，本章认为分析师还可以区分出正向和负向真实盈余管理，而正向真实盈余管理对公司未来经营造成的危害更大（Roychowdhury，2006），并且负向真实盈余管理有利于未来业绩。因此本章提出假设4.3。

假设4.3：负向真实盈余管理程度越大，则分析师跟踪强度越高；相对于正向真实盈余管理，分析师更倾向于跟踪负向真实盈余管理公司；并且正向的真实

---

① 盈余管理是由公司高管和投资者之间信息不对称造成的，盈余管理程度与信息不对称程度正相关（Richardson，2020），信息环境提升有助于降低信息不对称性，从而减少盈余管理。

② 王克敏和刘博（2014）发现公司控制权转移前存在负向盈余管理，且公司盈余管理越严重，股权转让价格越低，控制权转移后高管留任福利越多，因此对股东侵害越严重。

盈余管理程度越大,分析师跟踪强度越低。

4.2.2 所有者性质和分析师跟踪强度

我国的国有企业和非国有企业的信息透明度也有所差异。国有企业往往不以利润最大化为经营目标,而是服务于政府的政治目的或者社会公益(Shleifer and Vishny, 1994;王红领等,2001;Xu et al., 2005)。这导致其信息不对称程度更高,盈余管理更严重,公司信息透明度更差,公司控制者和投资者之间的矛盾也更大;因此分析师更倾向于跟踪非国有企业。根据上述分析,提出假设4.4。

假设4.4:国有企业的分析师跟踪强度低于非国有企业。

国内已有的研究表明,国有企业关系国计民生,受市场和政府关注程度较高,因此分析师在对公司进行跟踪和发布盈利预测时,相对谨慎(宋乐和张然,2010)。分析师在能够分辨出真实盈余管理和应计盈余管理的基础上,倾向于跟踪业绩风险较小的国有企业;并且负向盈余管理引起当期业绩下降,从而带来短期市场风险。从短期角度看,分析师倾向跟踪进行负向应计盈余管理的国有企业。根据上述分析,提出假设4.5。

假设4.5:在负向应计(真实)盈余管理企业中,国有企业的分析师跟踪强度高于(低于)非国有企业。

由于国有企业的特殊性质,其进行正向盈余管理的目的可能是满足政府需求,因此国有企业盈余管理动机更强,其进行的真实盈余管理更不易被察觉,且即使有未来面对亏损的可能,政府也会对国有企业进行一定的补贴与帮助(Qian, 1994)。从长期角度看,分析师更倾向跟踪进行正向真实盈余管理的国有企业,因此提出假设4.6。

假设4.6:在正向应计(真实)盈余管理企业中,国有企业的分析师跟踪强度低于(高于)非国有企业。

4.3 研究设计

4.3.1 样本选择和数据来源

本章以2001~2014年沪深两市上市的A股公司为样本,并按照如下标准筛选样本：①剔除金融业企业数据①，因为其为特殊行业；②剔除 ST 类公司②；③删除变量缺失的样本；④鉴于分析师数据始于 2002 年，而度量长期市场绩效时，代理变量窗口期可长达 2 年，所以实证分析中样本期为 2002~2012 年③；⑤对连续型财务指标进行异常值处理，即进行 1% 和 99% 分位点的 winsorize 处理。最终形成对分析师跟踪强度进行建模的 15 106 个公司年度样本和对企业盈余公告效应进行建模的 14 075 个公司年度样本④。各变量数据主要来自于 CSMAR 数据库，其中年度股票波动率数据来源于 RESSET 数据库。

4.3.2 检验模型及其变量说明

4.3.2.1 盈余管理和分析师跟踪强度

与已有分析师跟踪或覆盖文献不同的是，本章定义了分析师跟踪强度，将其作为分析师跟踪的代理变量，并用公司年度分析师报告数和分析师跟踪人数的比值来测度，即分析师跟踪强度=公司年度分析师报告数/年度分析师跟踪人数。需要指出的是，分析师跟踪人数测度的是跟踪某个企业的分析师人数，而分析师报告数代理的是所有分析师跟踪某个企业的强度。前者代理跟踪的数量，Yu（2008）使用该指标来代理分析师跟踪，而后者可以代表跟踪的总体质量。本章使用了分析师跟踪强度，即分析师跟踪的平均报告数，整合了这两个维度的信息，从而比通常使用的跟踪指标更有信息含量。

应计盈余管理一般通过会计估计、会计政策选择来改变利润确认的时间；真实盈余管理则通过生产经营决策调整来影响利润。两种盈余管理方式的财务行为和后果有本质不同，故借鉴国内外文献（潘越等，2011a；2011b；Hutton et al.，2009），分别采用应计盈余管理和真实盈余管理程度作为信息透明度的代理变量，为检验模型中的自变量，其测度详见后文。需要特别指出的是，和目前国内外已有研究（潘越等，2011a；2011b）不同，本章将盈余管理行为分为负向和正向盈

---

① 按中国证券监督管理委员会《上市公司行业分类指引》（2012 年修订），被剔除行业的门类代码为 J。
② 实际中剔除了如下的交易情况变动类型：AB 型，即从正常交易到 ST；AD 型，即从正常到 *ST；BC 型，即从 ST 到 PT；BD 型，即从 ST 到 *ST；BX 型，即从 ST 到退市；CB 型，即从 PT 到 ST；CX 型，即从 PT 到退市；DB 型，即从 *ST 到 ST；DX 型，即从 *ST 到退市；AX 型，即从正常到退市。
③ 自变量和控制变量窗口期有滞后 1 年的，因变量窗口期有领先 2 年的。
④ 各个模型由于所使用的变量不同，删失情况复杂，样本数可能会少于这两个数。

余管理后分别进行检验,即引入了盈余管理方向的哑变量:当进行正向应计盈余管理(真实盈余管理)时,DA Dummy=1(DR Dummy=1),否则 DA Dummy=0(DR Dummy=0)。由于进行正向盈余管理和负向盈余管理的意图和经济后果不同,分析师和资本市场对企业管理者的这两种做法的反应可能截然相反,所以采用分开检验的方法能够识别分析师和市场的这种反应差异。

为了研究分析师对企业盈余管理行为所做出的反应,使用的主体模型如式(4-1)所示(仅以应计盈余管理变量为例):

$$\text{Following Intensity}_{i,t} = \alpha_1 + \alpha_2 \text{Discretionary Accruals}_{i,t-1} + \sum \text{Control} + \sum \text{Year} + \sum \text{Industry} + \varepsilon_{i,t} \quad (4-1)$$

式中,i 表示第 i 个企业;t 表示时期;因变量是分析师跟踪强度(Following Intensity),来测度分析师跟踪;自变量是基于 Jones 模型计算的可操控应计盈余(Discretionary Accruals$_{i,t-1}$)和可操控真实盈余(Discretionary Real$_{i,t-1}$),来测度盈余管理程度,具体的估计和介绍见后文。如果分析师关注并能识别盈余管理信息,可以预期式(4-1)系数 α_2 显著且为正。

为了研究分析师是否能识别正向和负向盈余管理,可在式(4-1)中加入指示盈余管理方向的哑变量 DA Dummy$_{i,t-1}$ 或者 DR Dummy$_{i,t-1}$。如果分析师能识别正向和负向盈余管理,可以预期 α_3 显著为正或显著为负。

$$\text{Following Intensity}_{i,t} = \alpha_1 + \alpha_2 \text{Discretionary Accruals}_{i,t-1} + \alpha_3 \text{Discretionary Accruals}_{i,t-1} \times \text{DA Dummy}_{i,t-1} + \sum \text{Control} + \sum \text{Year} + \sum \text{Industry} + \varepsilon_{i,t} \quad (4-2)$$

为了研究所有制性质对盈余管理行为和分析师跟踪之间的关系影响,在模型[式(4-2)]中加入国有企业哑变量(Stateowned$_{i,t}$)及其交互项。如果所有制性质会起到调节作用,可以预期模型[式(4-3)]中的系数 α_4 为正显著或者负显著。

$$\text{Following Intensity}_{i,t} = \alpha_1 + \alpha_2 \text{Discretionary Accruals}_{i,t-1} + \alpha_3 \text{Discretionary Accruals}_{i,t-1} \times \text{DA Dummy}_{i,t-1} + \alpha_4 \text{Discretionary Accruals}_{i,t-1} \times \text{DA Dummy}_{i,t-1} \times \text{Stateowned}_{i,t} + \alpha_5 \text{Stateowned}_{i,t} + \sum \text{Control} + \sum \text{Year} + \sum \text{Industry} + \varepsilon_{i,t} \quad (4-3)$$

通过借鉴国外文献和非正式的分析师调查获得控制变量,分别是市值账面比率(MB)、市盈率(PE)、公司规模(SIZE)、换手率(Turnover)、年度日收益率波动率（Volatility）、券商规模（SizeBroker）[①]。各个变量的定义、计算以及来源见表4-2，表4-3是对应的是各变量的描述性统计量。式（4-1）还控制了年度效应（Year Dummy）和行业[②]效应（Industry Dummy）。

表4-2 主要变量的含义和来源

变量	定义	来源
Following Intensity	追踪第 i 家公司的年平均分析师报告数	无
Analyst Following	追踪第 i 家公司的年分析师人数	Hong 等（2000）；Yu（2008）
Forecast Number	追踪第 i 家公司的年分析师报告数	Pevzner 等（2015）
TA_{12}	以 TA_1 为总应计利润，以 Dechow 等（1995）等修正的横截面 Jones 模型计算的可操控应计项的绝对值	Dechow 等（1995）
TA_{22}	以 TA_2 为总应计利润，以 Dechow 等（1995）等修正的横截面 Jones 模型计算的可操控应计项的绝对值	Dechow 等（1995）
TCA_2	以 TCA 为总应计利润，以 Dechow 等（1995）等修正的横截面 Jones 模型计算的可操控应计项的绝对值	Louis（2004）；Dechow 等（1995）
TA_{11}	以 TA_1 为总应计利润，以横截面 Jones 模型 Jones（1991）计算的可操控应计项的绝对值	Jones（1991）
TA_{21}	以 TA_2 为总应计利润，以横截面 Jones 模型 Jones（1991）计算的可操控应计项的绝对值	Jones（1991）
TCA_1	以 TCA 为总应计利润，以横截面 Jones 模型 Jones（1991）计算的可操控应计项的绝对值	Louis（2004）；Jones（1991）
True AR	以 Roychowdhury（2006）和 Zang（2012）的研究方法，估计真实可操控应计盈余的绝对值	Roychowdhury（2006）；Zang（2012）
MB	市值账面比率	Bhushan（1989）；Kasznik 和 McNichols（2002）；Hong 等（2000）；Yu（2008）；Gong 等（2008）；Hotchkiss 和 Strickland（2003）

---

① 由于没有券商规模的数据，本章选用券商所雇佣分析师人数作为券商规模的代理变量，该做法在 Yu（2008）及 Clement（1999）的研究中均有使用。

② 采用中国证券监督管理委员会公布的《上市公司行业分类指引》（2012 年修订分类）。

续表

变量	定义	来源
PE	市盈率	Gibson（1987）
SIZE	年权益市值的自然对数	Lloyd 等（1985）；Bhushan（1989）；揭晓小（1995a, b）；Gong 等（2008）；Pevzner 等（2015）
Turnover	年度换手率的对数	Hayes 和 Lundholm（1996）；Hong 等（2000）
Volatility	年度日收益率波动率	Hong 等（2000）
Size Broker	券商规模排名在前 10 的，取值为 1；否则取值为 0	Yu（2008）；Clement（1999）
Stateowend	所有制性质为国有企业的，取值为 1；否则取值为 0	Dasgupta 等（2011）

为了防止或缓解内生性问题，式（4-1）~式（4-3）中所有财务相关指标在时间上均做滞后一阶处理，即以上一年度财务指标作为自变量或者控制变量。市场指标仍采用同期值，因为分析师能即时感受到市场的变化，但对上一期指标不敏感。

4.3.2.2 盈余管理程度的测度

主流文献使用 Jones 族模型来估计盈余管理程度。已有文献认为，如果一个企业的操控性应计波动越大，绝对值持续性越高，则其信息越不透明。故本章用可操控应计盈余和可操控真实盈余来测度盈余管理程度。

1）应计盈余管理模型。本章使用了横截面 Jones 模型和 Dechow 等（1995）修正的横截面 Jones 模型。而模型中的因变量，即总应计利润有三种计算方法（前两种为现金流量表法，第三种为资产负债表法）：TA_1 = 营业利润−经营活动产生的现金流量净额；TA_2 = 净利润−经营活动现金流量净额；TCA = （流动资产增加额−现金及现金等价物增加额）−（流动负债增加额−一年内到期的长期负债增加额）−折旧和摊销成本①。因此，用于测试的模型共 $3 \times 2 = 6$ 个。这 6 个模型估计出的可操控应计盈余分别记为 TA_{11}，TA_{12}，TA_{21}，TA_{22}，TCA_1 和 TCA_2，详

---

① Louis（2004）的流动应计利润。

细介绍见表 4-2。由于应计盈余管理的不同测度的实证结果类似，本章汇报以 Dechow 等（1995）修正的横截面 Jones 模型的测度 TCA_1 和 TCA_2 为主。

2）真实盈余管理模型。本章借鉴 Roychowdhury（2006）和 Zang（2012）的研究方法估计真实应计盈余①。首先需估计经营现金净流量（CFO）、产品总成本（COST）和酌量性费用支出（EXP），与操控性应计的计算方法相似，先对上述三项分行业、分年度进行回归，得到拟合值，而真实值和拟合值之差即为上市公司的异常经营现金净流量 RA_CFO、异常生产成本 RA_COST 和异常酌量性费用 RA_EXP。同时，本章借鉴 Cohen 等（2008）的做法，用 RA 衡量上市公司进行真实盈余管理的总量。如前所述，上市公司在正向做大利润时会有更高的异常生产成本、更低的异常酌量性费用和更低的异常经营现金净流量，故定义真实盈余管理总量 RA 为：RA = RA_COST − RA_CFO − RA_EXP。最后，以 RA 的绝对值作为真实盈余管理程度的代理变量，记为 Discretionary Real。表 4-3 提供了主要变量的基本统计量。

表 4-3 主要变量的基本统计量

变量	样本量	平均值	标准差	中位数	最小值	最大值
Following Intensity	17 831	0.520	0.878	0.000	0.000	4.000
Analyst Following	17 831	2.718	6.222	0.000	0.000	56.000
Forecast Number	17 831	4.937	12.164	0.000	0.000	68.000
TA_{12}	16 518	0.066	0.070	0.044	0.001	0.370
TA_{22}	15 906	0.089	0.095	0.060	0.001	0.534
TCA_2	15 906	0.090	0.097	0.062	0.001	0.551
True AR	14 903	0.161	0.160	0.114	0.002	0.840
MB	17 592	1.676	1.497	1.245	0.043	8.546
PE	17 593	59.162	119.812	29.690	−132.920	822.828
SIZE	17 603	21.684	1.164	21.629	18.105	24.901
Turnover	17 603	1.271	0.828	1.337	−0.830	2.836
Volatility	18 022	0.029	0.009	0.028	0.014	0.054

---

① Roychowdhury（2006）和 Zang（2012）认为，真实盈余管理活动中，增加盈余的方式或者是通过过度生产产品，形成超额生产成本，来降低销售成本；或者是通过降低诸如广告、研发和管理费用等可操控费用，形成超额可操控费用来实现的。

续表

变量	样本量	平均值	标准差	中位数	最小值	最大值
Size Broker	20 678	0.091	0.215	0.000	0.000	1.000
Stateowend	15 735	0.523	0.499	1.000	0.000	1.000

4.4 实证结论及其分析

4.4.1 盈余管理和分析师跟踪强度

表4-4[①]报告了企业盈余管理行为对分析师跟踪强度的影响。其中,(1)~(2)列的自变量是公司正向和负向操控性应计盈余[②],它们分别是对公司正向和负向应计盈余管理程度的测度[③];而(3)列的自变量是基于真实盈余管理模型计算的正向和负向操控性盈余。其中,进行正向应计盈余管理的企业占盈余管理企业数的比例为35.3%;进行正向真实盈余管理的企业占盈余管理企业数的比例为29.7%。由于进行正向盈余管理的企业和进行负向盈余管理的企业所占比例均在1∶2左右,具有可比性,故不影响估计结果的可靠性。

表4-4 盈余管理程度及其方向对分析师跟踪强度的影响

	(1)	(2)	(3)
TCA_1	−0.141 **		
	(0.059)		
$TCA_1 \times DA\ Dummy$	0.360 ***		
	(0.067)		

[①] 模型(1)~(3)的方差膨胀因子最大值均小于5,故不存在共线性问题,后表检验结果类似,不再说明。

[②] 其中DA Dummy取1表示正向盈余管理,TCA为应计项目盈余管理程度,True DA为真实活动盈余管理程度,所以用分析师跟踪强度对盈余管理程度求偏导时,得 $\alpha_2 + \alpha_3 \times DA\ Dummy$ 为盈余管理程度的边际效应, α_2 为负向盈余管理边际效应, $\alpha_2 + \alpha_3$ 为正向盈余管理边际效应, α_3 度量了分析师对正向和负向盈余管理活动的偏好。后续表中可类似解释,不再说明。

[③] 薄仙慧和吴联生(2009)利用正向和负向应计利润指标研究了国有控股企业和机构投资者的治理效应。

续表

	(1)	(2)	(3)
TCA_2		−0.135**	
		(0.059)	
TCA_2×DA Dummy		0.350***	
		(0.067)	
True DA			0.219***
			(0.051)
True DA×DR Dummy			−0.413***
			(0.063)
MB	0.040***	0.040***	0.020***
	(0.005)	(0.005)	(0.005)
PE	−0.0003***	−0.0003***	−0.0001***
	(0.000)	(0.000)	(0.000)
SIZE	0.077***	0.078***	0.057***
	(0.008)	(0.008)	(0.008)
Turnover	0.040***	0.040***	0.003
	(0.014)	(0.014)	(0.015)
Volatility	−0.592	−0.570	1.468
	(1.568)	(1.568)	(1.697)
Size Broker	2.511***	2.511***	2.629***
	(0.029)	(0.029)	(0.033)
截距项	控制	控制	控制
年度	控制	控制	控制
行业	控制	控制	控制
R^2	0.452	0.452	0.453
F值	333.82***	333.69***	280.04***
N	11 721	11 720	9786

*、**、***分别表示在10%、5%、1%的检验水平上显著，后表同，不再说明

从表4-4可以看出，（1）~（2）列的负向操控性应计（TCA_1或者TCA_2）前的系数为负数且均在5%的检验水平下显著，经济上也显著，表明负向的应计盈余管理程度越大，分析师跟踪强度越低；而交互项（TCA_1×DA Dummy 或者 TCA_2×DA Dummy）前的系数为正且均在1%的检验水平下显著，表明相对于负向盈余

管理，分析师更倾向于选择跟踪正向盈余管理的企业，且正向的应计盈余管理程度越大，分析师跟踪强度越高①。支持假设 4.2。

而与之相反的，表 4-4 中（3）列的负向操控性真实应计盈余（True DA）和交互项（True DA×DR Dummy）前的系数分别为正数和负数且在 1% 的检验水平下显著，经济上也显著。这表明正向的真实盈余管理程度越大，分析师跟踪强度越低；而相对于正向的真实盈余管理，分析师更倾向于跟踪负向的真实盈余管理公司，且负向的真实盈余管理程度越大，分析师跟踪强度越高，支持假设 4.3。

由此可见，实际中，企业采用正向和负向的盈余管理策略的目的是截然不同的，所以分析师对这两个方向的盈余管理也采取了针对性的决策，而且是截然相反的决策。如果不分离正向和负向盈余管理活动，盈余管理程度越高表明企业越不透明，分析师越不愿意跟踪，表现为表 4-5 中（1）~（4）列的系数为负，支持假设 4.1。但由于分析师在正向和负向的盈余管理活动中采取了截然相反的行为，表 4-5 和预期一样，结论并不稳健②。所给理论研究的启示是，由于市场参与人可能会针对不同方向的盈余管理活动采取截然相反的行为，不分离出盈余管理活动的方向而进行研究有一定的建模风险。

表 4-5 盈余管理程度与分析师跟踪强度

	（1）	（2）	（3）	（4）	（5）	（6）	（7）
TA_{11}	−0.108 (0.097)						
TA_{12}		−0.119 (0.098)					
TA_{21}			−0.153* (0.094)				
TA_{22}				−0.165* (0.095)			
TCA_1					0.020 (0.050)		

---

① 分析师跟踪强度的正向盈余管理效应是 $\alpha_2 + \alpha_3$，而该值均为正数；事实上，在进行负向盈余管理时，记 $DA\ Dummy_{i,t-1}/DR\ Dummy_{i,t-1}$ 为 1，否则取值为 0，未报告的稳健性测试表明，此时 α_2 为正数且显著，正向盈余管理程度越高，分析师跟踪越多。后文中，有多处可类似解释，不再说明。

② 事实上，在表 4-5 中，（5）~（6）列的系数为正，但不显著。

续表

	(1)	(2)	(3)	(4)	(5)	(6)	(7)
TCA_2						0.018	
						(0.051)	
True DA							0.041
							(0.044)
MB	0.042***	0.042***	0.042***	0.043***	0.041***	0.041***	0.029***
	(0.005)	(0.005)	(0.005)	(0.005)	(0.005)	(0.005)	(0.005)
PE	−0.0003***	−0.0003***	−0.0003***	−0.0003***	−0.0003***	−0.0003***	−0.0003***
	(0.000)	(0.000)	(0.000)	(0.000)	(0.000)	(0.000)	(0.000)
SIZE	0.075***	0.075***	0.075***	0.075***	0.075***	0.075***	0.061***
	(0.008)	(0.008)	(0.008)	(0.008)	(0.008)	(0.008)	(0.008)
Turnover	0.046***	0.046***	0.046***	0.046***	0.047***	0.046***	0.000
	(0.014)	(0.014)	(0.014)	(0.014)	(0.014)	(0.014)	(0.015)
Volatility	−0.250	−0.231	−0.180	−0.158	−0.359	−0.347	0.678
	(1.571)	(1.571)	(1.571)	(1.572)	(1.569)	(1.569)	(1.696)
Broker	2.514***	2.514***	2.514***	2.514***	2.514***	2.514***	2.636***
	(0.029)	(0.029)	(0.029)	(0.029)	(0.029)	(0.029)	(0.033)
截距项	控制	控制	控制	控制	控制	控制	控制
年度	控制	控制	控制	控制	控制	控制	控制
行业	控制	控制	控制	控制	控制	控制	控制
R^2	0.450	0.450	0.450	0.451	0.394	0.394	0.400
F值	343.98	343.98	344.07	344.08	272.71***	272.71***	233.93***
N	11 721	11 720	11 721	11 720	11 721	11 720	9786

Shleifer 和 Vishny（1994）认为，所有制性质和企业信息透明度有关。表 4-6 研究了国有企业和非国有企业对分析师跟踪强度的影响。一般认为，国有企业的透明度低于非国有企业，而且国有企业不容易受分析师跟踪影响，所以整体上看，国有企业的分析师跟踪强度显著低于非国有企业。表 4-6 国有企业性质（Stateowned）前的系数显著为负，支持了这一论断，假设 4.4 成立。进一步地，局限到负向应计盈余管理企业中，国有企业的分析师跟踪强度要显著高于非国有企业；局限到正向应计盈余管理企业中，国有企业的分析师跟踪强度要显著低于

非国有企业,这支持了假设 4.5。假设 4.5 表明分析师认为国有企业为满足政府需求,短期内参与正向应计盈余管理为一种更自然的行为;然而,当国有企业进行负向应计盈余管理时,分析师可能会猜测这并非政府需求,而是管理层为满足短期内自身利益(如股权激励)而做出的决定。因此,分析师跟踪强度对国有企业的正向应计盈余管理不敏感,对国有企业的负向应计盈余管理则较为抵触。这一现象在真实盈余管理中[见模型(3)]也存在①,即支持了假设 4.6。此外,负向盈余管理和正向盈余管理前系数符号未变,且均显著,这和表 4-4 一致,进一步支持了假设 4.2 和假设 4.3。

表 4-6 所有制性质、盈余管理程度和分析师跟踪强度

	(1)	(2)	(3)
TCA_1	−0.291*** (0.097)		
$TCA_1 \times DA\ Dummy$	0.567*** (0.101)		
$TCA_1 \times Stateowned$	0.239* (0.121)		
$TCA_1 \times DA\ Dummy \times Stateowned$	−0.498*** (0.136)		
TCA_2		−0.277*** (0.097)	
$TCA_2 \times DA\ Dummy$		0.545*** (0.101)	
$TCA_2 \times Stateowned$		0.225* (0.121)	
$TCA_2 \times DA\ Dummy \times Stateowned$		−0.477*** (0.137)	
True DA			0.331*** (0.072)

---

① 注意分析师对真实盈余管理行为采取的应对方案和对应计盈余管理行为采取的应对方案相反。

续表

	(1)	(2)	(3)
True DA×DR Dummy			−0.472***
			(0.093)
True DA×Stateowned			−0.216*
			(0.096)
True DA×DR Dummy×Stateowned			0.125
			(0.120)
Stateowned	−0.120***	−0.120***	−0.056***
	(0.020)	(0.020)	(0.021)
MB	0.034***	0.034***	0.015***
	(0.005)	(0.005)	(0.005)
PE	0.000***	0.000***	0.000***
	(0.000)	(0.000)	(0.000)
SIZE	0.087***	0.088***	0.067***
	(0.008)	(0.008)	(0.009)
Turnover	0.035***	0.035***	0.003
	(0.014)	(0.014)	(0.015)
Volatility	−0.241	−0.224	1.506
	(1.567)	(1.567)	(1.700)
Size Broker	2.491***	2.491***	2.618***
	(0.029)	(0.029)	(0.033)
截距项	控制	控制	控制
年度	控制	控制	控制
行业	控制	控制	控制
R^2	0.456	0.456	0.454
F 值	306.50***	306.32***	254.53***
N	11 671	11 670	9 741

4.4.2 稳健性测试

对假设4.1至假设4.3以及假设4.4至假设4.6还进行了如下检验：将总应计项TCA更换为TA_1和TA_2，然后进行了稳健性测试。未报告的结论和TCA的结果高度一致，支持了上述假设。由于分析师跟踪企业数和未被跟踪的企业数占比为1:2，本研究还只对分析师跟踪的样本进行了分析，为避免样本选择性偏差，采用了Heckman两阶段法进行估计，实证发现所有结论有所加强。此外，和潘越等（2011a，b）一样，本章还将盈余管理程度（TCA）替换为过去三年盈余管理的平均值，结果仍然保持一致。

4.5 进一步讨论

4.5.1 企业信息透明度和分析师跟踪强度

本章按Bhattacharya等（2003）以盈余平滑度和盈余激进度为基础构造了会计信息透明度指标（Tran），按照年报是否为十大（国际四大+国内六大）或者十四大（国际四大+国内十大）审计事务所审计构造了审计质量哑变量（DAduit），以及按照Morck等（2000）的方法构造了股票收益和市场收益的同步性指标（Synchronicity），即分别以会计信息质量、会计信息审计质量以及股票同步性多个角度刻画企业的信息透明度。研究发现分析师偏好于跟踪透明度更高的公司。

4.5.2 分析师跟踪、分析师报告数和分析师跟踪强度的信息含量

本章以两类基本模型的解释变量的显著性占比作为分析师关注度代理变量的信息含量测度指标。基本模型[式（4-1）]研究了信息透明度对分析师关注度的影响，共计使用了14个模型，前13个模型的每个模型有2个解释变量和关注度有关，最后1个模型有一个解释变量和关注度有关，故所涉及的变量总数为29个。基本模型[式（4-2）]中研究了信息透明度和分析师跟踪强度的市场反应，

本章共计使用了 $4\times7\times21=588$ 个模型，用于测试信息含量的解释变量共有 588 个。相关变量的显著性统计结果见表 4-1。从表 4-1 可以看出，在第 2 组测试的 588 个模型中，分析师跟踪强度变量显著的模型有 358 个，而采用残差分析师报告数和残差分析师跟踪作为解释变量时，显著的模型分别为 83 个和 63 个。在第 1 组测试的模型中，分析师跟踪强度也以 23 个显著模型居首。可见，表 4-1 从相关性角度证明了分析师跟踪强度是比分析师报告和分析师跟踪数更有信息含量的指标。

4.6 结论、政策建议和展望

本章研究有如下启示：第一，本章巧妙结合了两个重要指标作为分析师关注度的代理变量，并证明了分析师跟踪强度是比单独的分析师跟踪人数和分析师报告数更有信息含量的指标。第二，分析师偏好于跟踪盈余管理程度小的企业，而不是选择跟踪那些投资者更需要了解的、盈余管理程度大、信息更不透明的企业。第三，分析师会根据企业不同的盈余管理行为做出不同决策。具体而言，分析师对负向和正向应计（真实）盈余管理采取了截然相反的跟踪策略，表明了分析师既能区分这两种不同的盈余管理行为，也能识别盈余管理的方向。相对而言，正向应计（负向真实）盈余管理的短期市场风险较小，因此分析师对此类盈余管理行为比较宽容，而这种跟踪策略也造成了分析师跟踪强度的盈余管理程度偏效应不显著。这对加强我国金融中介的市场地位，以及改善公司治理水平与提高公司透明度提供了一定的参考。

总之，在研究方法上，本章建议在分析师关注度研究中，更多采用分析师跟踪强度这一信息含量更丰富的指标。在政策方面建议，其一，进一步肯定证券研究专家的市场地位、价值发现功能和信息传递职能。随着股票发行注册制改革的来临，中国股票市场在监管方面更需要秉持以信息披露和信息有效传递为中心的监管理念，更重视事中和事后监管。分析师的市场地位无论从监管还是市场层面都需要得到进一步重视和认可。其二，应加强分析师信息传递的公平性和均匀性。我国分析师对盈余管理程度小的、信息更透明的企业过度偏好，对于整体资本市场而言，相当于加大了信息的不公平，会扭曲资本市场的投资行为，造成资本市场的结果不公平，甚至会导致上市公司、分析师、机构投资者之间有意识的默契的合作、串谋，共同通过宰割无法获取分析师报告信息的小投资者利益来获利。

后续研究可从以下三个方面进行扩展。首先，可进一步区分卖方分析师和买方分析师对盈余管理行为的不同反应。卖方分析师只能通过实地调研或者从信息透明度高的企业获取更完整的信息，这制约了其分析信息透明度低的企业的可能。如果能从买方分析师出发进行研究，由于其和投资对象有更为紧密的联系，所获得的企业私人信息也更多，可能会对盈余管理行为产生不同影响。其次，考察盈余管理行为和分析师调研行为之间的关系。分析师调研数据是比分析师跟踪更为翔实的数据，其更能揭示信息透明度和分析师跟踪之间的关系。最后，研究分析师在企业盈余管理行为和投资者反应之间的调节作用。

第 5 章 信息不透明、深度跟踪分析师和市场反应

5.1 引　　言

公司管理层与外部投资者之间的信息不对称，影响企业的财务决策和外部投资者的投资决策。证券分析师作为市场信息中介，是否可以对公司信息透明度进行鉴别和传递，以更好地履行改善信息环境、降低信息不对称，以及给外部投资者正确的投资建议的职责？是值得深入研究的。特别地，深度跟踪分析师的行为特征是什么？其和一般分析师是否有显著区别？是目前国内外研究所缺乏的。

有关分析师信息发掘能力的文献存在一定矛盾。一方面，Barber 等（2001）指出，分析师的信息挖掘分析能力强于其他第三方机构。宋海旭和王福胜（2013）研究了多元化战略对企业资本市场价值的影响路径，发现分析师具有部分中介效应。崔玉英等（2014）认为我国分析师关注公司成长以及盈余变动等方面的信息，起到信息中介和降低信息不对称的作用。另一方面，Altinkilic 等（2009）发现分析师不具备信息发掘能力，其行为只是随波逐流的实证证据。因此，中国证券分析师，尤其是深度跟踪分析师是否具有价值发现功能，值得深入研究。

本章借鉴 Hutton 等（2009）和潘越等（2011a，b）的研究思路，用企业盈余管理程度来代理公司信息透明度，并由以应计盈余管理程度衡量公司信息透明度，拓展到以真实盈余管理程度衡量，研究其对深度跟踪分析师行为的影响及市场反应。盈余水平是企业最为重要的信息，而企业高管也会利用信息不对称，如在高管股权激励前可能进行向下盈余管理，而为了个人升职或更高的奖金则可能进行向上盈余管理。从而，本章还需研究深度跟踪分析师是否具有识别不同盈余管理动机所导致的差异化信息环境的能力。

盈余管理信号较为复杂，一般投资者很难解读。分析师是资本市场中重要的信息中介，他们解读所跟踪企业的公开信息，并且试图从这些企业获取私有信

息。目前的研究大多将分析师作为一个整体进行研究，忽视了分析师之间的个体差异。本章认为，分析师跟踪一家企业的动机，除了企业是否属于行业热点，是否有重要客户需求等因素外，更取决于他能挖掘多少有效信息，投资者是否相信其提供的信息，以及分析师是否有机会向投资者充分展示这些信息。因此，以往研究单纯将分析师看作一个整体，无法很好地诠释其个性化行为。本章在已有文献的基础上，将分析师进行分类，着重研究对企业进行深度跟踪的分析师（定义为对某家公司发布报告数量最多的分析师）行为。

本章贡献如下：第一，提出了分析师深度跟踪指标，发现其比分析师跟踪和分析师报告数更有信息含量。本章对 588 个模型进行了测试，以分析师跟踪相关变量的显著性比率为检验标准，发现深度跟踪分析师的报告数指标显著的模型个数为 285 个，而分析师跟踪人数和分析师报告数指标显著的个数分别只有 83 个和 63 个。在分析师对企业的跟踪中，深度跟踪指标从整体中提炼出个体，从个性化行为的维度，丰富了分析师跟踪方面的文献。第二，细分了信息透明度，研究了向上和向下盈余管理活动对深度跟踪分析师行为的影响。以往研究大多侧重于分析师是否可以改善公司信息环境，本章将分析师置身于公司信息环境之中，探讨深度跟踪分析师对企业信息透明度的反应，以及分析师是否可以区分出应计盈余管理和真实盈余管理，尤其是能否区分向上和向下盈余管理。第三，本章探讨了投资者是否可以有效鉴别企业利用盈余管理操纵业绩，以达到管理层私人目的的行为，并对深度跟踪分析师是否可以帮助投资者分辨盈余管理行为进行深入讨论。第四，已有研究发现分析师的关注和约束有助于降低国有企业盈余管理程度（白云霞和吴联生，2008），而分析师对不同所有制性质企业的盈余管理的反应尚存在研究不足，本研究有助于丰富有关这一中国特有制度环境的研究文献。

5.2 文献综述和假设提出

5.2.1 应计和真实盈余管理

魏明海（2000）认为应计盈余管理对企业的实际盈利没有影响，只是改变实际盈利在不同会计期间的分布。公司高管和外部投资者之间的信息不对称，使得高管可以利用私有信息对会计程序进行选择，而企业披露的会计数据，其信息含量对投资者至关重要。信息透明度高的企业披露的数据可信度更高，投资者也更关注报表中会计数据所传达的信息；信息透明度低的企业数据可信度更低，投资者也更关注报告本身的数据真实度。Roychowdhury（2006）将真实盈余管理分为销售管理、可操控支出管理和过度生产，开启了从应计盈余管理向真实盈余管理的研究历程。

5.2.2 信息环境与深度跟踪分析师行为

分析师具有较强的专业技能和行业经验，他们对企业的理解相较其他第三方机构更深入。例如，Dyck等（2010）指出分析师发现企业财务造假的能力比审计师更强。证券分析师对企业的跟踪可以使得投资者获得有价值的投资建议的观点已经众所周知并被广泛研究。分析师可以为外部投资者提供信息的研究也已经相当深入（Barber et al.，2001）。然而，近年的一些研究提出了与此相反的观点，如Altinkilic等（2009）指出，分析师的信息发现能力非常有限。在此基础上，Yezegel（2015）做了进一步研究和修正，指出分析师虽然总体来说信息发现能力有限，但在某些特定情形下，如投资者有更多信息需求、分析师发现错误定价和盈余公告的信息含量更多时，分析师的信息和价值挖掘能力反而更强。

分析师是否偏好信息环境更好的公司？已有研究对此也存在矛盾。已有文献指出，分析师跟踪和机构持股、公司规模、回报率稳定性呈正相关，和内部人持股及公司多元化呈负相关。Hope（2003）认为分析师跟踪和企业信息公开化程度呈正相关，且这些企业的分析师预测也更为准确。与之相反的，Fischer等（2010）发现，更多的公开信息促使分析师放弃跟踪企业。

我国的研究发现，信息透明度提升后，管理者的应计盈余管理行为更容易被发现（陈俊和张传明，2010），即信息环境越好，实施应计盈余管理的成本越高。相对于应计盈余管理，真实盈余管理的隐蔽性更强，提高企业治理水平和降低信息不对称，对真实盈余管理的限制作用并不大。林永坚等（2013）指出，真实盈余管理对公司的伤害更大。胥朝阳和刘睿智（2014）指出，企业信息环境提升，并不能提升信息使用者对真实盈余管理的鉴别能力。即使是作为外部约束的审计师也无法识别真实盈余管理，除非是具有多年行业经验的审计师（范经华等，2013）。

本章认为，中国证券市场相对于欧美国家和地区成熟市场，处于迅速发展期，信息环境也更弱。因此，如果企业的信息透明度优于同行业其他公司，则会更受分析师和投资者的青睐。深度跟踪分析师作为具备丰富行业经验、市场经验和专业知识的重要市场信息中介,可以分辨出应计盈余管理和真实盈余管理,并会对盈余管理方向有不同的反应。分析师由于偏好跟踪业绩表现更为优异的企业,从而相对偏好于进行正向应计盈余管理活动的企业(Hayes, 1998)。此外,Roychowdhury(2006)认为正向真实盈余管理相对而言对企业未来业绩造成更大危害。事实上,进行向下应计盈余管理时,其短期内降低企业盈余的动机更为明显,深度跟踪分析师会认为这是为了满足高管个人利益(如股权激励、定向增发)而进行的活动,对企业的业绩正常释放不利,因此持消极态度;而在向下真实盈余管理时,却可以预期未来有较好的业绩释放。所以,提出如下假设。

假设 5.1:向下的应计盈余管理程度越大,深度跟踪分析师发布的预测报告数越少;相对于向下应计盈余管理,深度跟踪分析师更倾向于对向上应计盈余管理企业发布更多的预测报告;向上的应计盈余管理程度越大,深度跟踪分析师发布的预测报告数越多。

假设 5.2:向上的真实盈余管理程度越大,深度跟踪分析师发布的预测报告数越少;相对于向上真实盈余管理,深度跟踪分析师更倾向于对向下真实盈余管理公司发布更多的预测报告;向下的真实盈余管理程度越大,深度跟踪分析师发布的预测报告数越多。

5.2.3 所有制性质和深度跟踪分析师

已有文献指出,国有企业盈余管理比民营企业更严重,信息透明度度更低。Shleifer 和 Vishny(1994)指出,政府通常会对国有企业有最大化利润以外的,服务于政治目的或为社会服务的要求。由于实际控制人是政府,国有企业更容易得到政府补贴和支持,如补贴和税收优惠,但提升财政收入、维护社会稳定与地区就业(Xu et al., 2005)的企业目标也给国有企业造成了更大的盈余管理动机和更严重的代理问题。国有企业盈余管理的动机具体体现在,完成或超额完成既定目标可能影响官员的政绩和升迁,同时也有助于从二级市场募集到更多的资金。

本章认为,深度跟踪分析师对不同性质企业的反应不同,相对于国有企业,他们更倾向对民营企业进行深入研究,这与民营企业的信息环境更好有关。深度跟踪分析师对企业的财务状况、经营状况等更加了解,企业的应计盈余管理更容易被他们发现。当国有企业进行向下应计盈余管理时,其短期内降低公司盈余的动机更为明显,深度跟踪分析师可能推测这是为了满足高管特殊目的(如股权激励、定向增发）而进行的活动，而对公司的业绩正常释放不利，对分析师的盈余预测也不利①，因此持消极态度；而作为国有企业，如果进行向上真实盈余管理往往是为了满足政府需求，那么在这种情形下，即使以后业绩下滑，也会得到政府的扶持和补贴，深度跟踪分析师会对此持积极态度。由此提出如下假设。

假设5.3：跟踪国有企业的深度跟踪分析师发布的报告数少于跟踪民营企业的分析师。

假设5.4：在向下应计（真实）盈余管理企业中，跟踪国有企业的深度跟踪分析师比跟踪民营企业的深度跟踪分析师发布更多（更少）的预测报告。

假设5.5：在向上应计（真实）盈余管理企业中，跟踪国有企业的深度跟踪分析师比跟踪民营企业的深度跟踪分析师发布更少（更多）的预测报告。

5.2.4　市场对盈余管理和分析师跟踪深度的反应

在研究了不同盈余管理活动对分析师跟踪行为会产生不同影响之后，需要研究对应的经济后果。Bartov等（2002）发现，为达到分析师预期而进行盈余管理的企业的市场回报与达到分析师预期但并未进行盈余管理的企业没有显著差异，都显著优于未达到预期的企业。这表明投资者主要关注企业业绩是否达到预期，以及企业未来的前景，并不会认为进行盈余管理的企业是差企业。深度跟踪分析师对企业更加了解，其发布的报告也应该更具市场影响力。深度跟踪分析师发布报告数量越多，表明其越看好企业的未来前景，投资者也会对此做出正面积极的反应，具体表现为公司的盈余公告效应更强。而由于广大中小投资者并非专业人士，即使是机构投资者，面对上千只股票时也无法做到深入研究每一家企业，因而容易被企业粉饰的业绩所误导。

因此，本章认为投资者无法很好地辨识企业的盈余管理行为，而深度跟踪分析师由于对企业进行了深入细致的研究，可以有效区分企业盈余管理行为及其动机，并对投资者及时给出建议。因此，深度跟踪分析师的介入可以提升投资者分辨盈余管理的能力。由此提出如下假设。

假设5.6：深度跟踪分析师发布的报告越多，企业盈余公告效应越大。

假设5.7：盈余管理程度越高，盈余公告效应越大。

假设5.8：深度跟踪分析师的跟踪降低了盈余管理程度和盈余公告效应之间

---

① 分析师主要通过企业的正常运营盈余来推测企业未来业绩。

的正向关系。

5.3 研究设计

5.3.1 数据来源和样本选择

本章以沪深两市上市的 A 股公司为样本,数据主要来自 CSMAR 数据库,部分数据(年度股票波动率)来源于 RESSET 数据库。由于分析师数据库样本期从 2002 年开始并且长期市场绩效的窗口期可为两年,故样本期为 2002~2012 年。同时,按照如下标准程序对样本进行预处理:①因为行业特殊,剔除金融保险业数据;②剔除 ST 类公司;③对主要变量有缺失的样本进行剔除;④对连续型财务指标进行 1% 和 99% 分位点的 winsorize 处理,去除异常值。剩余样本中,可用于对分析师跟踪强度进行建模的样本量为 15 106 个和可用于对企业盈余公告效应进行建模的样本量为 14 075 个。

5.3.2 检验模型及其变量说明

5.3.2.1 信息透明度和分析师跟踪深度

分析师跟踪深度定义为企业年度的所有分析师报告数的最大值,即第 i 个公司第 t 年的分析师跟踪深度为

Maximum Coverage = max{t 年度内追踪第 i 个公司的第 j 个分析师的报告数}

已有文献一般将年分析师跟踪人数(Yu, 2008)和年分析师报告数(Pevzner et al., 2015)作为分析师关注度的代理变量。本章认为,这两个指标要么只代表分析师跟踪,要么只代表整体的分析师关注度,都可能是出于外部压力或者羊群效应。而深度跟踪分析师则不同,其深入研究一般出于研究兴趣或者职业发展诉求。实证结果也表明本章定义的分析师跟踪深度是比年度分析师跟踪人数和年度分析师报告数更有信息含量的指标。

借鉴国内外文献通常做法(Hutton et al., 2009;潘越等, 2011a, b),采用应计盈余管理和真实盈余管理程度作为信息透明度的代理变量。而与已有文献(潘越等, 2011a, b)不同,本章认为正向和负向盈余管理是两类完全不同的盈

余管理活动，因此有必要将盈余管理行为分为负向和正向盈余管理后，测试分析师的不同反应。本章的做法是：如果企业进行正向应计盈余管理（真实盈余管理），定义哑变量 DA Dummy（DR Dummy=1）=1，否则取值为0。此外，本章还单独测试了所有制性质（假如是国有企业 State-owned=1，否则为0）对分析师的影响和经济后果。

为研究信息透明度对深度跟踪分析师行为的影响，使用如下模型：

$$\text{Maximum Coverage}_{i,t} = \alpha_1 + \alpha_2 \text{Discretionary Accruals}_{i,t-1} + \alpha_3 \text{Discretionary Accruals}_{i,t-1} \times \text{DA Dummy}_{i,t-1} + \sum \text{Control} + \sum \text{Year} + \sum \text{Industry} + \varepsilon_{i,t} \quad (5\text{-}1a)$$

$$\text{Maximum Coverage}_{i,t} = \alpha_1 + \alpha_2 \text{Discretionary Real}_{i,t-1} + \alpha_3 \text{Discretionary Real}_{i,t-1} \times \text{DR Dummy Real}_{i,t-1} + \sum \text{Control} + \sum \text{Year} + \sum \text{Industry} + \varepsilon_{i,t} \quad (5\text{-}1b)$$

或者在模型［式（5-1）］加入企业所有制性质哑变量（State-owned$_{i,t}$），以及其和分析师跟踪深度之间的交互项。其中，i 表示第 i 个企业，t 表示时期。因变量是分析师跟踪深度（Maximum Coverage）。自变量是基于 Jones 模型族计算的可操控应计利润（Discretionary Accruals$_{i,t-1}$）［式（5-1a）］、真实盈余管理应计利润（Discretionary Real$_{i,t-1}$）［式（5-1b）］，以及所有制性质（State-owned$_{i,t}$）。

控制变量的选择上，通过借鉴相关文献，如 Yu（2008）、Pevzner 等（2015），选择是账面市场值（MB）、市盈率（PE）、公司规模（SIZE）、换手率（Turnover）、年度日收益率波动率（Volatility）、券商规模（Size Broker）为主要变量（表5-1），表5-2是对应描述性统计量。式（5-1a）和式（5-1b）还控制了年度效应（Year Dummy）和行业效应（Industry Dummy）。

为了防止或缓解内生性问题，式（5-1a）和式（5-1b）中所有财务相关指标均以一年前的财务指标作为自变量或者控制变量，因为分析师能及时感受到市场的变化，所以市场指标仍采用同期指标。

5.3.2.2 信息透明度、分析师跟踪深度和盈余公告效应

本章用企业盈余公告效应来代表市场反应，其代理变量为文献中常用的累积超额收益率（CAR）和购入-持有超额收益（BHAR）。本章利用标准事件研究方法的3天时间窗口来计算 CAR（-1，1）和 BHAR（-1，1），其中事件日（day0）是盈余公告日。异常收益是根据市场调整法计算的，并对窗口期和市场收益率进行了稳健性测试。

$$CAR(-1,1)_{i,t}/BHAR(-1,1)_{i,t}$$
$$=\alpha_1+\beta_1 Maximum\ Coverage_{i,t}+\sum Control+\sum Year+\sum Industry+\varepsilon_{i,t} \quad (5\text{-}2)$$

式中，因变量［CAR（-1，1）和 BHAR（-1，1）］表示盈余公告效应；$Maximum\ Coverage_{i,t}$ 表示分析师跟踪深度；$\varepsilon_{i,t}$ 表示误差项；$\sum Control$ 表示控制变量集合，后文将加以解释。

为研究分析师跟踪深度和信息透明度的交互效应，在式（5-2）中增加了盈余管理程度（$Discretionary\ Accruals_{i,t-1}/Discretionary\ Real_{i,t-1}$）、盈余管理程度哑变量（$DA\ Dummy_{i,t-1}/DR\ Dummy_{i,t-1}$），以及它们与分析师跟踪深度之间的交互项；或者在式（5-2）中增加企业所有制性质哑变量（$State\text{-}owned_{i,t}$），以及其和分析师跟踪深度之间的交互项。

在式（5-2）以及扩展模型中，借鉴 Gong 等（2008）、Dasgupta 等（2011）、Pevzner 等（2015）的研究，选择市值账面比（MB）、财务杠杆（Leverage）、公司规模（SIZE）、行业规模（Size Ind）、净利润哑变量（Loss）、每股现金流量（CF/P）、每股收入（S/P）、公司历史市场绩效［BHAR（-219，-20）］和年度日收益率波动率（Volatility）为主要变量（表5-1）。表5-2 是对应的描述统计量。此外，式（5-2）还控制了年度效应（Year Dummy）和行业效应（Industry Dummy）。

市场反应模型中，因变量的统计时间晚于解释和控制变量，从而很好地控制了内生性，此外，按照揭晓小（2015a，b）的研究，引入公司历史市场绩效［BHAR（-219，-20）］，进一步控制了内生性。

5.3.3 信息环境的代理变量

本章以可操控应计盈余和可操控真实盈余作为公司透明度的代理变量。Hutton 等（2009）、王亚平等（2009）、潘越等（2011a，b）认为可操控性盈余绝对值越高，则信息越不透明。

应计盈余管理程度估计中，本章共使用了横截面 Jones 模型（模型1）（Jones，1991）、Dechow 等（1995）修正的横截面 Jones 模型（模型2）和陆建桥（1999）修正的横截面 Jones 模型（模型3）。总应计利润计算采用了三种方法：TA_1＝营业利润-经营活动产生的现金流量净额；TA_2＝净利润-经营活动现金流量净额；TCA＝（流动资产增加额-现金及现金等价物增加额）-（流动负债增加额-一年内到期的长期负债增加额）-折旧和摊销成本（Louis，2004）。因此，用于测试的模型共有9种。

真实盈余管理程度估计中，本章借鉴 Roychowdhury（2006）的方法，先分行业、分年度对经营现金净流量（CFO）、产品总成本（COST）和酌量性费用支出（EXP）建立回归模型分别估计，然后按 Cohen 等（2008）的做法，计算得到真实盈余管理程度的代理值。

表 5-1 和表 5-2 提供了各变量的含义和基本统计量。

表 5-1 主要变量的含义和来源

变量	定义	来源
Maximum Coverage	追踪第 i 家公司的分析师年公告数中的最大值	无
Analyst Following	追踪第 i 家公司的年度分析师人数	Yu（2008）
Forecast Number	追踪第 i 家公司的年度分析师报告数	Pevzner 等（2015）
MVW BHAR（-1，1）	以市值加权市场收益率为基准计算的盈余公告窗口期（-1，1）天内的购入-持有超额收益率	Trueman 等（2003）；Pevzner 等（2015）
MVW CAR（-1，1）	以市值加权市场收益率为基准计算的盈余公告窗口期（-1，1）天内的累积超额收益率	Trueman 等（2003）；Pevzner 等（2015）
$TCA_1/TCA_2/TCA_3$	以 TCA 为总应计利润，分别以盈余管理模型 1、模型 2 和模型 3 计算的可操控应计项的绝对值	Jones（1991）；Dechow 等（1995）；陆建桥（1999）；Louis（2004）
True AR	以 Roychowdhury（2006）方法估计的真实可操控应计盈余的绝对值	Roychowdhury（2006）
MB	市值账面比率	Yu（2008）
PE	市盈率	Gibson（1987）
SIZE	年权益市值的自然对数	揭晓小（2015a，b），Gong 等（2008），Pevzner 等（2015）
Turnover	年度换手率的对数	Hayes 和 Lundholm（1996）
Volatility	年度日收益率波动率	Hong 等（2000）
Size Broker	券商规模排名在前 10 的，取值为 1，否则取值为 0	Yu（2008）
State-owned	所有制性质为国有企业，取值为 1，否则取值为 0	Dasgupta 等（2011）
Leverage	负债与总资产的比值	Gong 等（2008），Pevzner 等（2015）
Size Ind	如果企业排名在行业前 10 名，取值为 1，否则取值为 0	Pevzner 等（2015）

续表

变量	定义	来源
Loss	当净利润为负数时取值为1，否则取值为0	Pevzner 等（2015）
CF/P	每股现金流和股价的比率	Dasgupta 等（2011）
S/P	每股收入和股价的比率	Dasgupta 等（2011）
Reporting Lag	会计截止日期和报告公布日期的天数之差	Pevzner 等（2015）
BHAR（-219，-20）	公司盈余公告前219天到前20天的BHAR	Dasgupta 等（2011）

表 5-2　各变量的基本统计量

变量	样本量	平均值	标准差	中位数	最小值	最大值
Maximum Coverage	17 831	1.245	2.880	0.000	0.000	18.000
Analyst Following	17 831	2.718	6.222	0.000	0.000	56.000
Forecast Number	17 831	4.937	12.164	0.000	0.000	68.000
MVW BHAR（-1，1）	14 127	-0.005	0.053	-0.008	-0.132	0.184
MVW CAR（-1，1）	14 127	-0.005	0.053	-0.008	-0.138	0.178
TCA_2	13 593	0.144	0.127	0.112	0.002	0.698
True AR	11 550	0.165	0.165	0.116	0.002	0.879
MB	17 592	1.676	1.497	1.245	0.043	8.546
PE	17 593	59.162	119.812	29.690	-132.920	822.828
SIZE	17 603	21.684	1.164	21.629	18.105	24.901
Turnover	17 603	1.271	0.828	1.337	-0.830	2.836
Volatility	18 022	0.029	0.009	0.028	0.014	0.054
Size Broker	20 678	0.091	0.215	0.000	0.000	1.000
State Owned	15 735	0.523	0.499	1.000	0.000	1.000
Leverage	17 750	0.476	0.229	0.479	0.047	1.411
Size Ind	17 831	0.080	0.271	0.000	0.000	1.000
Loss	17 831	0.107	0.309	0.000	0.000	1.000
CF/P	17 593	0.079	0.289	0.031	-0.418	2.297
S/P	17 588	1.292	3.575	0.436	0.022	28.698
Reporting Lag	17 718	90.150	21.954	90.000	26.000	120.000
BHAR（-219，-20）	14 134	0.033	0.134	0.017	-0.265	0.494

5.4 实证结论及其分析

5.4.1 信息透明度和分析师跟踪深度

表 5-3 研究了企业信息透明度对深度跟踪分析师行为的影响。其中，（1）~（3）列的自变量是公司向上和向下操控性应计盈余；而（4）列的自变量是基于真实盈余管理模型计算的向上和向下操控性应计盈余。表 5-3 显示，（1）~（3）列的负向操控性应计项（TCA_1/TCA_2/TCA_3）前的系数为负数且均在 5% 的检验水平下显著，表明向下的应计盈余管理程度越大，则分析师跟踪深度越低；而交互项（$TCA_1 \times DA\ Dummy$/$TCA_2 \times DA\ Dummy$/$TCA_3 \times DA\ Dummy$）前的系数为正且均在 1% 的检验水平下显著，表明相对于向下盈余管理，深度跟踪分析师更倾向于选择跟踪向上盈余管理的企业，且由于上述两个系数之和为正，向上的应计盈余管理程度越大，分析师跟踪深度越高。假设 5.1 得到了支持。

表 5-3 信息透明度对分析师跟踪深度的影响

	(1)	(2)	(3)	(4)
TCA_1	-0.427**			
	(0.207)			
$TCA_1 \times DA\ Dummy$	0.904***			
	(0.237)			
TCA_2		-0.408**		
		(0.207)		
$TCA_2 \times DA\ Dummy$		0.856***		
		(0.238)		
TCA_3			-0.365*	
			(0.209)	
$TCA_3 \times DA\ Dummy$			0.882***	
			(0.24)	
True DA				0.923***
				(0.179)

续表

	(1)	(2)	(3)	(4)
True DA×DR Dummy				−1.213 ***
				(0.219)
MB	0.143 ***	0.143 ***	0.142 ***	0.071 ***
	(0.017)	(0.017)	(0.017)	(0.018)
PE	−0.001 ***	−0.001 ***	−0.001 ***	−0.001 ***
	(0.000)	(0.000)	(0.000)	(0.000)
SIZE	0.381 ***	0.381 ***	0.381 ***	0.356 ***
	(0.027)	(0.027)	(0.027)	(0.029)
Turnover	−0.007	−0.007	−0.006	−0.082
	(0.048)	(0.048)	(0.048)	(0.052)
Volatility	−3.078	−3.006	−3.07	0.943
	(5.536)	(5.537)	(5.537)	(5.919)
Size Broker	5.907 ***	5.908 ***	5.908 ***	6.336 ***
	(0.103)	(0.103)	(0.103)	(0.114)
截距项	控制	控制	控制	控制
年度	控制	控制	控制	控制
行业	控制	控制	控制	控制
R^2	0.340	0.340	0.340	0.343
F 值	209.11 ***	209.00 ***	209.05 ***	177.01 ***
N	11 721	11 720	11 721	9786

注：(1) ~ (4) 列回归中的方差膨胀因子最大值均小于 5，故不存在共线性问题，后表检验结果类似，不再说明；*、**、*** 分别表示在 10%、5%、1% 的检验水平下显著，后表同，不再说明

而与之相反的，表5-3 中真实盈余管理（4）列的负向操控性应计项（True DA）和交互项（True DA×DR Dummy）前的系数分别为正数和负数且在1%的检验水平下显著。这表明向下的真实盈余管理程度越大，则分析师跟踪深度越大；而相对于向上的真实盈余管理，深度跟踪分析师更倾向于跟踪向下的真实盈余管理公司；且同样因为 True DA 和 True DA×DR Dummy 之前的系数和为正，向下的真实盈余管理程度越大，分析师跟踪深度越高。这支持了假设 5.2。

未报告的检验采用已有文献的做法，只研究了盈余管理程度和分析师跟踪深度之间的关系。结果显示，大部门模型表现出盈余管理程度越大，分析师跟踪深度越低，但统计上不显著。这表明，我国分析师略偏好于跟踪透明度高的企业，

但不显著表明，用盈余管理程度来替代信息透明度时，有必要区分向上和向下盈余管理活动。事实上，向下应计盈余管理活动对股东侵害更严重，管理层"隧道"风险更大，从而分析师在面临向上和向下盈余管理活动时，会做出截然相反的反应。

按 Shleifer 和 Vishny（1994）的观点，所有制性质代表的就是一种透明度。一般认为，所有制性质和企业信息透明度有关，国有企业的信息环境透明度相对民营企业要低。为此，表 5-4 研究了深度跟踪分析师对所有制性质的反应。由表 5-4 可知，国企性质的 State-owned 前的系数显著为负，表明深度跟踪分析师一般更愿意跟踪民营企业，表明假设 5.3 成立。这一方面是因为民营企业信息透明度更高，另一方面是因为分析师能对民营企业产生更大程度的影响。当所有制性质和信息透明度进行交互时发现，相对于民营企业，跟踪国有企业的深度跟踪分析师的报告数有明显的向零的偏倚。例如，局限到向下应计盈余管理企业中，国有企业的分析师跟踪深度要高于民营企业；局限到向上应计盈余管理企业中，国有企业的分析师跟踪深度要显著低于民营企业。这支持了假设 5.4 和假设 5.5。

表 5-4　所有制性质、盈余管理程度和分析师跟踪深度

	(1)	(2)	(3)	(4)
TCA_1	−0.646*			
	(0.343)			
$TCA_1 \times DA\ Dummy$	1.506***			
	(0.357)			
$TCA_1 \times State\text{-}owned$	0.325			
	(0.427)			
$TCA_1 \times DA\ Dummy \times State\text{-}owned$	−1.484***			
	(0.48)			
TCA_2		−0.585*		
		(0.343)		
$TCA_2 \times DA\ Dummy$		1.411***		
		(0.358)		
$TCA_2 \times State\text{-}owned$		0.253		
		(0.428)		
$TCA_2 \times DA\ Dummy \times State\text{-}owned$		−1.407***		
		(0.482)		

续表

	(1)	(2)	(3)	(4)
TCA$_3$			−0.484	
			(0.347)	
TCA$_3$×DA Dummy			1.407***	
			(0.362)	
TCA$_3$×State-owned			0.168	
			(0.432)	
TCA$_3$×DA Dummy×State-owned			−1.373***	
			(0.486)	
True DA				1.335***
				(0.251)
True DA×DR Dummy				−1.355***
				(0.326)
True DA×State-owned				−0.791**
				(0.334)
True DA×DR Dummy×State-owned				0.341
				(0.42)
State-owned	−0.263***	−0.26***	−0.25***	−0.127*
	(0.072)	(0.072)	(0.072)	(0.072)
MB	0.126***	0.126***	0.125***	0.058***
	(0.017)	(0.017)	(0.017)	(0.018)
PE	−0.001***	−0.001***	−0.001***	−0.001***
	(0.000)	(0.000)	(0.000)	(0.000)
SIZE	0.405***	0.405***	0.406***	0.384***
	(0.027)	(0.027)	(0.027)	(0.03)
Turnover	−0.025	−0.024	−0.024	−0.085
	(0.048)	(0.048)	(0.048)	(0.052)
Volatility	−1.864	−1.811	−1.848	1.237
	(5.53)	(5.531)	(5.531)	(5.93)
Size Broker	5.846***	5.848***	5.848***	6.301***
	(0.103)	(0.103)	(0.103)	(0.114)
截距项	控制	控制	控制	控制
年度	控制	控制	控制	控制

续表

	(1)	(2)	(3)	(4)
行业	控制	控制	控制	控制
R^2	0.343	0.343	0.343	0.344
F 值	191.41***	191.29***	191.31***	160.90***
N	11 671	11 670	11 671	9741

5.4.2 信息透明度、分析师跟踪深度和企业盈余公告效应

表 5-5 研究了信息透明度和分析师跟踪深度的经济后果，即它们和企业盈余公告效应之间的关系。表 5-5 中，(1)~(6) 列两个一组，窗口期分别为 (−1, 1)(−2, 2)(−3, 3)；每个窗口期内，"市值加权"表示模型是以市值加权市场收益率为基准计算的 CAR 值，"等权重"则表示以平均市场收益率为基础计算的 CAR 值。分析师跟踪深度 (Maximum Coverage) 前的系数为正且显著，表明分析师跟踪深度和企业盈余公告效应之间是正相关关系，这验证了假设 3.1[①]。

表 5-5 分析师跟踪深度和企业盈余公告效应

	(1)	(2)	(3)	(4)	(5)	(6)
	CAR (−1, 1)		CAR (−2, 2)		CAR (−3, 3)	
	市值加权	等权重	市值加权	等权重	市值加权	等权重
Maximum Coverage	0.001**	0.001**	0.001***	0.001**	0.001**	0.001**
	(0.000)	(0.000)	(0.000)	(0.000)	(0.000)	(0.000)
MB	−0.001	−0.001	−0.001**	−0.001**	−0.001*	−0.001**
	(0.000)	(0.000)	(0.000)	(0.000)	(0.001)	(0.001)
Leverage	−0.004	−0.004	−0.003	−0.004	−0.004	−0.005
	(0.002)	(0.002)	(0.003)	(0.003)	(0.003)	(0.003)
SIZE	0.002***	0.002***	0.002**	0.002**	0.002**	0.002**
	(0.001)	(0.001)	(0.001)	(0.001)	(0.001)	(0.001)

---

① 当改为盈余公告后半年、一年、一年半和两年窗口期的 CAR 和 BHAR，即研究长期绩效效应时，该关系保持不变。

续表

	(1)	(2)	(3)	(4)	(5)	(6)
	CAR (−1, 1)		CAR (−2, 2)		CAR (−3, 3)	
	市值加权	等权重	市值加权	等权重	市值加权	等权重
SIZE_IND_D	0.002	0.002	0.004 *	0.004	0.002	0.002
	(0.002)	(0.002)	(0.002)	(0.002)	(0.003)	(0.003)
Loss	−0.009 ***	−0.008 ***	−0.013 ***	−0.013 ***	−0.017 ***	−0.018 ***
	(0.002)	(0.002)	(0.002)	(0.002)	(0.002)	(0.002)
CF_P	0.005	0.005	0.006	0.007 *	0.003	0.004
	(0.003)	(0.003)	(0.004)	(0.004)	(0.004)	(0.004)
S_P	0.0001	0.0001	0.0001	0.0001	0.0001	0.0001
	(0.000)	(0.000)	(0.000)	(0.000)	(0.000)	(0.000)
Reporting Lag	−0.0001	−0.0001 ***	−0.0001	−0.0001 ***	−0.0001 ***	−0.0001 ***
	(0.000)	(0.000)	(0.000)	(0.000)	(0.000)	(0.000)
Car (−219, −20)	0.016 ***	0.014 ***	0.023 ***	0.022 ***	0.027 ***	0.026 ***
	(0.004)	(0.004)	(0.004)	(0.004)	(0.005)	(0.005)
Volatility	−0.469 ***	−0.428 ***	−0.697 ***	−0.643 ***	−0.877 ***	−0.788 ***
	(0.091)	(0.09)	(0.11)	(0.108)	(0.124)	(0.122)
截距项	控制	控制	控制	控制	控制	控制
年度	控制	控制	控制	控制	控制	控制
行业	控制	控制	控制	控制	控制	控制
R^2	0.013	0.016	0.019	0.019	0.024	0.020
F 值	6.64 ***	8.00 ***	9.62 ***	9.32 ***	11.95 ***	9.81 ***
N	14 075	14 075	14 075	14 075	14 082	14 082

表5-6研究了分析师跟踪深度、盈余管理程度和企业盈余公告效应之间的关系。从表5-6可以看到，假设5.6仍然可以得到支持，即深度跟踪分析师发布的报告数越多，企业盈余公告绩效表现越好。由表5-6还可知，盈余管理程度TCA_1和True DA前面的系数为正，且基本显著，表明盈余管理程度和企业盈余公告绩效之间呈正相关关系，支持了假设5.7，说明市场很容易被企业的盈余管理活动误导。那么，深度跟踪分析师的加入会起到何种作用？由于交互项为负但不显著，这一定程度上支持了假设5.7，表明深度跟踪分析师作为信息中介，在一定程度上能将自己对信息透明度的观察传递给市场，但作用有限。本章还进一步将盈余管理程度分解为向下和向上盈余管理，然后将其和分析师跟踪深度进行

交互，未报告的检验结果除基本支持了假设 5.6~假设 5.8 外，发现分析师向市场传递的其实是向下应计盈余管理和向上真实盈余管理信息，因为这两个应计项和分析师跟踪深度的交互项系数为负数且显著；而向上应计盈余管理和向下真实盈余管理信息与分析师跟踪深度的交互项系数为正数。

表 5-6 分析师跟踪深度、盈余管理程度和企业盈余公告效应

	(1)	(2)	(3)	(4)	(5)	(6)	(7)	(8)
	TCA_1				TRUE DA			
	BHAR (−1, 1)	CAR (−1, 1)	BHAR (−1, 1)	CAR (−1, 1)	BHAR (−1, 1)	CAR (−1, 1)	BHAR (−1, 1)	CAR (−1, 1)
	市值加权	等权重	市值加权	等权重	市值加权	等权重	市值加权	等权重
Maximum Coverage	0.001*** (0.000)	0.001*** (0.000)	0.001*** (0.000)	0.001*** (0.000)	0.001* (0.000)	0.0001 (0.000)	0.001* (0.000)	0.0001 (0.000)
Maximum Coverage × TCA_1	−0.002 (0.001)	−0.002 (0.001)	−0.002 (0.001)	−0.002 (0.001)				
TCA_1	0.007 (0.005)	0.007* (0.004)	0.007 (0.004)	0.008* (0.004)				
Maximum Coverage × True DA					−0.0001 (0.001)	−0.0001 (0.001)	−0.0001 (0.001)	−0.0001 (0.001)
True DA					0.008** (0.004)	0.009** (0.004)	0.008** (0.004)	0.009** (0.004)
MB	−0.001 (0.000)	−0.001* (0.000)	−0.001* (0.000)	−0.001* (0.000)	−0.001 (0.000)	−0.001 (0.000)	−0.001 (0.000)	−0.001 (0.000)
Leverage	−0.007** (0.003)	−0.007** (0.003)	−0.007** (0.003)	−0.007*** (0.003)	−0.008*** (0.003)	−0.008*** (0.003)	−0.008*** (0.003)	−0.008*** (0.003)
SIZE	0.002** (0.001)	0.002** (0.001)	0.002** (0.001)	0.002** (0.001)	0.001* (0.001)	0.001* (0.001)	0.001* (0.001)	0.001* (0.001)
Size_IND_D	0.003 (0.002)	0.002 (0.002)	0.002 (0.002)	0.002 (0.002)	0.003 (0.003)	0.002 (0.002)	0.003 (0.003)	0.002 (0.002)
Loss	−0.007*** (0.002)	−0.007*** (0.002)	−0.008*** (0.002)	−0.007*** (0.002)	−0.008*** (0.002)	−0.007*** (0.002)	−0.008*** (0.002)	−0.008*** (0.002)
CF_P	0.004 (0.005)	0.004 (0.005)	0.004 (0.005)	0.004 (0.005)	0.007 (0.005)	0.006 (0.005)	0.007 (0.005)	0.006 (0.005)

续表

	(1)	(2)	(3)	(4)	(5)	(6)	(7)	(8)
	TCA_1				TRUE DA			
	BHAR (−1, 1)	CAR (−1, 1)	BHAR (−1, 1)	CAR (−1, 1)	BHAR (−1, 1)	CAR (−1, 1)	BHAR (−1, 1)	CAR (−1, 1)
	市值加权	等权重	市值加权	等权重	市值加权	等权重	市值加权	等权重
S_P	0.0001	0.0001	0.0001	0.0001	0.0001	0.0001	0.0001	0.0001
	(0.000)	(0.000)	(0.000)	(0.000)	(0.000)	(0.000)	(0.000)	(0.000)
Reporting Lag	−0.0001	−0.0001***	−0.0001	−0.0001***	−0.0001	−0.0001***	−0.0001	−0.0001***
	(0.000)	(0.000)	(0.000)	(0.000)	(0.000)	(0.000)	(0.000)	(0.000)
Car (−219, −20)	0.011***	0.01**	0.011***	0.009**	0.007	0.006	0.006	0.006
	(0.004)	(0.004)	(0.004)	(0.004)	(0.004)	(0.004)	(0.004)	(0.004)
Volatility	−0.549***	−0.489***	−0.547***	−0.488***	−0.58***	−0.569***	−0.576***	−0.566***
	(0.107)	(0.105)	(0.107)	(0.105)	(0.117)	(0.115)	(0.117)	(0.115)
截距项	控制	控制	控制	控制	控制	控制	控制	控制
年度	控制	控制	控制	控制	控制	控制	控制	控制
行业	控制	控制	控制	控制	控制	控制	控制	控制
R^2	0.012	0.016	0.013	0.016	0.014	0.018	0.015	0.018
F 值	5.18***	6.51***	5.34***	6.58***	5.17***	6.19***	5.33***	6.27***
N	11 535	11 535	11 535	11 535	9907	9907	9907	9907

5.5 稳健性测试

本章还将总应计利润由 Louis（2004）的流动应计利润 TCA，更换为 TA_1 =营业利润−经营活动产生的现金流量净额和 TA_2 =净利润−经营活动产生的现金流量净额，然后进行了稳健性测试。结果和 TCA 的结果高度一致，从而假设 5.1 得到了进一步支持。对假设 5.3 进行稳健性测试时，也将流动应计利润 TCA 更换为 TA_1 和 TA_2，结果和 TCA 的结果也高度一致，表明所有制性质对分析师跟踪深度的影响较为稳健。在对假设 5.6 进行稳健性测试时，采用了买入−持有期收益（BHAR），结论和 CAR 的结果高度一致。针对假设 5.7 和假设 5.8，还测试了 TCA 的其他两个模型 TCA_1 和 TCA_3，结果和 TCA_2 结果高度一致，这支持了假设 5.7。本章还将 TCA 更换为 TA_1 和 TA_2 以及将窗口期置换为（−2, 2）和（−3, 3），结果仍然基本一致。此外，和潘越等（2011a，b）一样，本章还将盈余管理程度（TCA）替换为过去三年盈余管理的平均值，结果仍然保持一致。

5.6　结论和政策建议

以往研究重在分析分析师的群体行为和经济后果，有关分析师和信息环境关系的文献也主要研究分析师对信息环境的影响。本章将分析师群体进行分类，分离出深度跟踪分析师，研究这一特殊而重要群体的行为；并主要分析信息环境对分析师行为的影响。因为，在我国资本市场，分析师对上市公司的施压和约束作用有限，信息环境影响分析师的这种因果关系更为可信。为此，本章首先讨论信息环境包括所有制性质对深度跟踪分析师决策行为的影响，即检验信息透明度对深度跟踪分析师报告数的影响；其次，讨论投资者对信息环境和深度跟踪分析师的反应，即检验信息透明度、深度跟踪分析师报告数对企业盈余公告效应的影响。

研究结果表明：①深度跟踪分析师报告数（分析师跟踪深度）是比年度分析师跟踪人数和年度分析师报告数更具信息含量的指标。②深度跟踪分析师倾向于跟踪进行向上应计盈余管理（向下真实盈余管理）的企业。③盈余管理程度和企业盈余公告效应之间是正向关系。这表明投资者并不能分辨企业盈余管理行为，而容易被企业盈余管理活动所误导。④深度跟踪分析师有较强的价值发现功能，并且能降低投资者对企业盈余管理的不当反应。这个结论从深度跟踪分析师的角度支持了 Barber 等（2010）的结论，肯定了分析师的市场地位。

政策建议方面，本书认为需进一步加强分析师的信息中介地位和企业信息披露制度建设，具体如下：股票发行注册制改革是我国股票市场发展的基本方向，其在监管方面需要秉持以信息披露和信息有效传递为中心的监管理念，更重视事中和事后监管，而分析师作为信息中介和信息传递主体之一，其市场地位需要得到进一步重视和认可。本章的研究证实了分析师具有价值发现功能，能够区分企业的各种盈余管理行为，从而对企业信息透明度做出判断，并且能在一定程度上减小盈余管理程度和企业盈余公告效应之间的正向关系，即减少企业盈余管理活动对投资者造成的误导。这为我国分析师作为证券研究专家的市场地位和信息传递职能提供了实证证据，具有很强的政策意义。但我国深度跟踪分析师对信息透明度高的企业和民营企业的跟踪偏好，会造成投资者和信息环境较弱的公司之间信息不对称程度进一步加重，从而背离了分析师信息中介的职业设定。因此，本章这一发现可为引导分析师适度关注信息环境相对较弱的企业提供改革证据。此外,投资者对盈余管理活动的正向反应表明,市场对企业信息环境的认知度较低,企业管理者和投资者之间的信息不对称性较大,从而使得投资者面临较大的投资风险,建议监管部门加强对上市公司,尤其是国有企业信息自主披露和投资者关系维护的要求。

第 6 章 分析师基金关联的风险和收益后果

6.1 引　　言

本章将研究基金关联分析师行为的风险和收益后果。Gu 等（2013）认为佣金施压，即机构投资者通过分仓和佣金给予分析师不能调低本机构投资组合评级的压力，是影响基金关联分析师行为的主要原因。我国券商业务竞争残酷，机构投资者所拥有的基金分仓的权力使得其可以给分析师施压，这为佣金施压假说在我国资本市场的成立提供了基础。本章从机构投资者的角度研究机构投资者（主要是基金，为了简洁，本章多用基金代替）关联分析师的基金关联对股票特质性风险和风险调整后收益的影响。本章引入佣金压力变量，衡量佣金一方面可以衡量机构投资者持股规模，另一方面可以衡量关联分析师受到的佣金压力。通过对佣金压力与股票特质性风险和风险调整后收益关系的研究，可以获得关于佣金施压假说在我国成立与否的证据。进一步地，本章附加了一些检验，试图揭示基金关联和佣金压力对股票风险和收益影响的机制，即佣金施压假说成立的原因。具体地，基金关联是否通过关联分析师的评级或乐观偏差影响风险和收益？佣金压力对股票风险和收益的影响是否来自于机构投资者持股规模对其股价稳定作用的程度？

迄今为止，监管者、从业人员和学者对作为买方的机构投资者的特征会对分析师行为产生何种影响，一直争论不休，结论也颇具争议。有充分的证据显示，我国的卖方分析师迫于压力，对机构投资者客户会有所让步。然而，不但基金关联分析师面临提供更为乐观还是更为准确预测报告的两难抉择，机构投资者也面临投资收益和投机获利之间的决策冲突。

一直以来，这种有意义的冲突观点难以取得满意的实证证据。这是因为为了获得客户关系和分析师所受压力的数据，需要得到基金公司对每个券商分配交易佣金的数据。美国券交易监督委员会并不要求基金披露支付给券商多少佣金，因此美国市场并没有相关的公开数据。以往的文献难以分离客户机构投资者和独立机构投资者，也缺乏分析师所受到的直接精确的基金压力的代理变量。所以，已有研究所提供的证据是客户机构投资者和独立机构投资者的混合效应，所提供的有关分析师基金关联和乐观偏差关系往往是有限甚至有偏的证据。直到 Gu 等（2013）和 Firth 等（2013）使用我国机构投资者的交易佣金数据，才巧妙地分离出散户和机构投资者，并得出了基金关联分析师会给出超期望的评级，而分析师乐观偏差来源于基金关联的结论。

本章也将利用我国机构投资者支付的交易佣金这一特殊数据，对基金关联的经济后果进行后续研究。不同于以往文献进行分析师关联收益后果的研究，本章的研究注重分析师关联的风险后果，更将风险调整后的收益作为因变量进行探讨，为投资者投资决策提供建议。同时，关联分析师的研究分为公司关联和基金关联，不同于公司关联分析师，基金关联分析师的有关研究因为数据可得性原因，最近才颇受关注，所以本章从基金关联分析师角度研究关联性的风险后果，既是对现有研究的深化和拓展，也是对理论和实践的重要延伸和创新。

6.2　文献综述和假设提出

6.2.1　分析师基金关联及其后果

分析师关联的建立主要有两种方式，一种是分析师和被跟踪公司建立关联，另一种是分析师和投资者建立关联。在分析师和被跟踪公司关联的情况下，分析师通过提供乐观偏差获得有价值的内部信息（Francis and Philbrick，1993；Das et al.，1998；Lim，2001；赵良玉等，2013）。分析师关联可能引起分析师的乐观偏差。分析师可以通过与分析师所跟踪公司的投资银行关联（Lin and McNichols，1998；Michaely and Womack，1999；O'Brien et al.，2005；Mehran and Stulz，2007；Gu and Xue，2008）或与基金关联建立分析师和投资者之间的联系，从而给出乐观的分析报告（O'Brien and Bhushan，1990；McNichols and O'Brien，1997；Jackson，2005；Agrawal and Chen，2008；Firth et al.，2013；Gu et al.，2013）。分析师的基金关联通过分析师所在机构和基金之间的联系建立起来，并以佣金关系的形式表现出来，基金关联使分析师受到关联压力从而引起偏差意见。Gu 等（2013）对基金关联的压力产生提出佣金施压假说，即机构投资者通过分仓和佣金给予分析师不能调低本机构投资组合评级的压力。

尽管有证据表明机构投资者有更高信息质量的需求，在市场中扮演着分析师的监管者的角色，并有降低分析师偏差的功能（Cowen et al., 2006；Ljungqvist et al., 2007），然而 Gu 等（2013）发现机构投资者对精确和无偏报告的需求将会在机构投资者持股后发生变化：迫于机构投资者对分析师施加的压力，基金关联分析师为了维持所在券商和机构投资者之间的业务关系，而表现得更为乐观。他们的调查也发现一些美国分析师承认迫于基金压力不得不发表有利于机构投资者的有偏观点。美国证券交易监督委员会执行主席在国会小组委员会的证词中也表达了这种忧虑：分析师需要面临来自券商的压力，即便是已经制定了减少分析师利益冲突的法律和制度，也难以对券商进行控制，也难以与之对话。因此，来自券商的压力仍然是分析师利益冲突的最主要的来源。美国证券交易监督委员会和美国金融业监管局指出，如果分析师所在券商机构的投资者客户持有分析师所跟踪股票的份额较大，将会抑制分析师发布对该股票的负面评价和下调评级的行为。Firth 等（2013）发现基金关联分析师发布负面评价和下调评级的市场反应要比独立分析师发布类似公告恶劣得多，这个结果迫使机构投资者向关联分析师施压以抑制关联分析师的负面评价。2003 年美国推出全球研究分析师法案，规定券商不得裁撤或者分离承销业务，这使得券商更加依赖佣金收入，尤其是来自于那些使用他们报告的基金或其他机构投资者的佣金收入，其结果是分析师面对来自机构投资者的压力更大了（Irvine, 2000, 2004；Jackson, 2005；Cowen et al., 2006）。Goldstein 等（2009）发现机构投资者的交易分仓对象是极少数的几个券商，并指出这种做法的动机是控制分析师的预报行为。调查问卷显示，美国 70% 的投资专家认为平衡买方不希望下调评级的压力是卖方分析师发布报告的主要动机（Firth et al., 2013）。

本章根据佣金施压假说的思路展开研究，验证其在我国的成立性，并深入探讨其成立的机制。

6.2.2　我国分析师基金关联与分析师行为

在我国，基金关联分析师有影响市场行为的动机和压力。我国机构投资者发展非常迅速，他们（尤其是共同基金）每年都在行业内遵照资产变化进行排序，而基金管理费是以资产规模为基础计算的，因此吸纳投资的竞争非常激烈。为了吸收更多投资，基金必然存在提升业绩表现的动机和压力，所持股票的高投资价值和正面评价至关重要。研究者发现，机构投资者有充分的动机利用掌握在自己手里的基金分仓权力和对应的交易佣金分配来影响关联券商，分析师不得不面对来自机构投资者佣金的压力（周芬棉，2011；潘侠和吴婷婷，2011）。刘海斌和张晓芳（2008）的匿名调查显示，我国一些分析师承认"当然会不得不按基金的意愿去做"。同时，我国分析师经常面临着不能调低关联基金股票组合级别的压力（王琼和谢潞锦，2011；李进，2008；李骐，2008）。蔡庆丰和杨侃（2012）研究发现，证券分析师发布分析报告前市场存在大量知情交易，即证券分析师在正式发布研究报告之前有将信息提前透露给机构投资者的"行业潜规则"。

分析师的独立性可以解释基金关联分析师行为特征。我国机构投资者对分析师独立性的影响主要作用在三个方面。第一，机构投资者的交易佣金是券商研究部门的主要收入，来自机构投资者的佣金必然损害分析师的独立性。散户投资者的交易佣金归属于经纪部门而不是研究部门，而机构投资者所支付的佣金是券商研究部的主要收入，这构成了分析师工作绩效奖励的最根本依据。因此，佣金成为分析师的独立性受到限制的最主要因素。Firth等（2013）发现基金关联分析师比独立分析师更偏好对基金持有的股票发布乐观报告。第二，分析师能因满足关联基金的需求实现其自身职业发展。提供价值增加的预测和意见是机构投资者评价研究报告质量和评选明星分析师的重要依据（Hong and Kubik，2003）。如果能成为明星分析师，其行业地位和薪酬待遇将有根本性改观，而《新财富》杂志的明星分析师投票权主要落在基金经理手中，得罪了基金客户对分析师职业前景可能有毁灭性打击（王琼和谢潞锦，2011）。李进（2008）和李骐（2008）的相关研究指出，某分析师因为对关联基金的重仓股下调了评级而不得不离开分析师行业。第三，我国很多券商旗下就有基金公司，来自供职机构的压力迫使分析师不得不为基金关联股票出具乐观报告。由于独立性的减损，我国的基金关联分析师有动机和压力迟延或拒绝披露关联股票的利空信息，维持股票评级处于相对高水平。

在我国，基金关联分析师有影响市场行为的能力。我国金融市场起步晚，投机型投资者缺乏经验和训练，容易轻信谣言，"赌博"依然是我国股民参与股市的普遍行为特征（李培馨等，2014）。这使得我国大量投资者比成熟市场的投资者更容易形成羊群效应，他们的行为更容易被机构投资者和分析师所误导。左大勇和陆蓉（2013）的研究就发现基金管理人会利用个人投资者的非理性特征。深圳证券交易所的报告表明，有相当比例的散户投资者依赖于分析师报告进行股票决策（深圳证券交易所，2011）。

6.2.3 分析师基金关联的经济后果

从获取和处理公司信息的角度看,关联分析师特定行为的后果是:关联分析师和关联机构投资者为了从信息不对称中获得利益,分析师须以丧失缓解投资者和公司之间信息不对称的功能为代价。不透明性更高的股票将有更高的 R^2 和崩盘风险(Jin and Myers,2006)。那么,其他因素不变的情况下,分析师的基金关联将提高关联股票的特质性风险甚至是崩盘风险。

由于关联分析师能够通过帮助机构投资者隐藏或释放信息实现机构投资者的意图,我们也可以从机构投资者对股票风险和收益的影响来考虑关联分析师行为的经济后果。Cella 等(2013)发现机构投资者的短视行为会在市场缺乏流动性时给股市以极大的负面影响。Hutchinson 等(2015)对澳大利亚样本分析的结果表明,机构投资者加大了股票的特质性风险,尤其是在公司财务困境时,机构投资者短视行为更严重,使得机构投资者对股票特质性正向影响更明显。Callen 和 Fang(2013)的研究表明,机构投资者的不稳定性和股票崩盘风险显著正相关。Coffee(1991)发现因为治理成本较高,机构投资者面对公司业绩变差时,不会承担治理责任而是选择脱手股票。上述多种事实共同促使关联股票具有更大的特质性风险甚至崩盘风险,而机构投资者会通过关联分析师掩盖其行为及股票信息。

面对不同种类的信息,关联分析师行为都会增大股票的特质性风险。如果面对利空信息,充分长的时间内,利空消息累积到一定程度,分析师再也无法掩盖,利空消息的爆发将使股票暴露在严重的下行风险中,甚至造成股市崩盘。许年行等(2012)的研究取得了我国市场上存在着分析师乐观偏差导致股票崩盘的证据。面对利多信息,关联分析师也会过度乐观,合并好消息的报出或者选择最佳时机公告盈利预测并上调评级,导致股票暴涨。利空利多两方面关联分析师的行为都将增加股票收益率的左右尾部厚度及散度,而这种波动率的增大不能被市场解释,因此基金关联将增加被跟踪公司股票的特质性风险。由此提出假设 6.1。

假设 6.1:分析师的基金关联增加了所跟踪股票的特质性风险。

Frankel 等(2006)的研究提供了分析师报告对机构投资者重仓股票的股价有极大影响力的证据。Firth 等(2013)的研究发现,基金关联分析师增加了 3 天预测报告窗口期的累积超额收益。这进一步证实了前文独立性到关联分析师行为逻辑的正确性,即分析师难免因为独立性的减损而对关联证券做出有偏评价。在分析师报告具有显著市场影响的前提下,就其向市场释放的信号而言,分析师关联的建立将增加股票的收益,否则机构投资者不可能影响关联分析师行为,因为其同时会增大风险、减小收益。在此基础上,股票收益的增加是否会被风险的增加所抵消是一个需要实证检验的问题。理性投资者根据风险调整后收益进行投资决策,因此这个问题就十分重要,本章将通过检验假设 6.2 得到这个问题的答案。

假设 6.2:分析师的基金关联增加了所跟踪股票的风险调整后收益。

6.2.4 佣金压力的经济后果

佣金压力,指投资者更换券商的可能性。佣金压力是一个难以量化的概念,但是能通过其与佣金的关系把佣金压力表示出来。根据定义,佣金并不能直接地影响佣金压力,但是佣金影响投资者的转换成本,佣金越高转换成本越高,投资者更换券商的可能性越低,佣金压力越低。在后文的检验中,直接用佣金变量表示佣金压力,该变量越小佣金压力越大。

这里先讨论机构投资者存在的影响。Jensen 和 Meckling(1976)的研究证明信息不对称使得管理层获取侵害投资者利益的能力,投资者的应对导致融资成本上升。Wahal 和 McConnell(2000)的研究发现,机构投资者有信息优势,会在没有耐心的投资者和管理层之间起到缓冲器的作用,有利于稳定股价。Aghion 等(2013)的研究发现,机构投资者可以降低信息不对称性,还能促使管理人员进行创新和将注意力集中到长期绩效上。然而,当机构投资者相对短视时,他们对市场波动性的影响就不那么简单了。Callen 和 Fang(2013)的研究发现,机构投资者缓解信息不对称和治理角色在不同情况下有所不同:持股稳定的机构投资者扮演着外部监管者的角色,而持股不稳定的机构投资者则追求短期的交易利润。Myers 和 Majluf(1984)研究表明股权分割加剧了公司管理层和外部投资者之间的信息不对称性,提高了融资成本、降低了投资水平。作为持股稳定性的衡量,机构投资者持有的股份的变化将会引起机构投资者对风险和收益偏好发生变化。具体的,在小额持股中,机构投资者的投机者角色增强,表现为追逐短期交易利润;在大额持股中,其股东角色会增强,表现为倾向维持股价稳定和追逐长期市场绩效。因此,小额持股的机构投资者相对大额持股的机构投资者会向券商施加更大的佣金压力。机构投资者小额持股的情况下,分析师的佣金较少,佣金压力较大,股票特质性风险较大;大额持股的情况下,分析师的佣金较多,佣金压力较小,股票特质性风险较小。从而可以预测,分析师的佣金压力和股票特质性风险正相关。机构投资者大额持股时,股票的特质性风险较低,不考虑其他因素的影响，收益率相同，则风险调整后收益较高，更适宜成为投资的选择。

我国学者的相关研究能为这个推论提供辅助证据。张宗新和杨通旻（2014）对我国市场的研究发现，我国机构投资者对小市值股投资更多是基于信息噪声的市场炒作，而对于大市值股票才会通过信息挖掘能力获取"私有信息"。这从信息获取角度证明了机构投资者对大市值的投资和对小市值股的投机态度。史永东和王谨乐（2014）的研究发现，机构投资者偏好投资财务优良、治理有效的公司，而此类公司的股票往往呈现出更低的波动性。揭晓小（2015a，b）的研究发现我国分析师存在规模偏好的选择性偏差，而大盘股一般股价相对稳定，超额收益较低。综合上述，券商所受佣金压力越小的股票，股票的波动性将越小，同时风险调整后收益也越小。由此提出假设6.3和假设6.4。

假设6.3：券商的佣金压力和股票特质性风险正相关。

假设6.4：券商的佣金压力和风险调整后收益正相关。

6.3 研究设计

6.3.1 样本和数据

本章以2000~2014年沪深两市A股上市公司为样本，并按照如下标准处理样本：由于金融行业的财务会计准则有所差异，剔除我国证券监督委员会《上市公司行业分类指引》（2012年修订）分类门类代码为J的金融业公司样本；删除当年属于ST类的公司样本；剔除控制变量缺失的公司季度样本；鉴于分析师数据始于2002年，故实证分析中样本期为2002~2014年；为了避免受异常值干扰，对连续型财务变量进行了1%和99%分位点的winsorize处理，最终形成可对基金关联分析师和股票特质性风险进行建模的88 302个股票–年度–季度–分析师样本。各变量数据主要来自于CSMAR数据库，Fama-French三因子、无风险利率数据来源于RESSET数据库。

6.3.2 变量和模型

6.3.2.1 变量定义

（1）股票特质性风险

波动率定义为标的资产价格发生的非预期变动，这种变动往往和新金融信号的冲击或者投资者投资和流动性需求有关。因此，波动率反映了价格风险，是股票的重要风险指标。本章用两种度量方法来衡量股票的特质性风险。其一，用原始日收益率方差代理股票特质性风险，即分析师每个季度第一份报告发布后次交易日起长为20个交易日、40个交易日和60个交易日窗口期的原始日收益率方差（Var）。更长的窗口期可能覆盖下一季度分析师预测报告，计算的波动率受下一分析师报告效应影响，因此不再计算。分别记20个交易日、40个交易日和60个交易日内的原始日收益率方差为 Var（+1，+21）、Var（+1，+41）和 Var（+1，+61），该指标使用见 French 等（1987）和 Kothari 等（2009）的文献。其二，用 Fama-French 三因子模型（Fama and French, 1993）调整后的超额收益率来计算方差（VarA），这是比较常见的做法（Rajgopal and Venkatachalam, 2011; Ang et al., 2006, 2009）。具体而言，先用股票收益率对市场资产组合超额收益率（Rm-Rf）、市值因子（SMB）和账面市值比因子（HML）做回归得到超额收益（残差），然后计算该超额收益率的波动率，与前种计算方法窗口期选择相同，各窗口期波动率分别记为 VarA（+1，+21）、VarA（+1，+41）和 VarA（+1，+61）。

（2）分析师基金关联

哑变量 $Affiliation_{q-1}$ 取值为1时，表明分析师是基金关联分析师；取值为0时，表明分析师是非基金关联分析师。借鉴 Gu 等（2013）和 Firth 等（2013）的研究成果，如分析师所在券商前一季度接受了某基金公司给的佣金，并且该分析师在前一季度跟踪了该基金持有的股票（分析师的报告对象刚好是该基金公司持有的股票），则该分析师定义为基金关联分析师。因为佣金数据是半年期的，我们将佣金平均分割给所在半年度的两季度。为了确保基金关联在分析师发布报告前已经建立起来，$Affiliation_{q-1}$ 的取值取决于上半年度和年度佣金关系的存在性。例如，q 是第1/3季度时，观测 $q-1$ 期佣金数据；q 是第2/4季度时，则观测 $q-2$ 期佣金数据。在这种方法下，会有部分基金关联分析师不可避免地被定义为非基金关联分析师，这就使得显著的实证结果将更有力地支撑我们的论断，而我们将对不显著的实证结果表示怀疑[①]。

（3）佣金（压力）

Gu 等（2013）引入佣金代理变量 Fee 来刻画关联基金公司的重要性，以券商所收到的平均佣金加1的对数来衡量。具体的，我们对每只股票每年每个季度内券商所获得的佣金平均值加1取对数。佣金和分析师基金关联取值同期，但相

[①] 本章假定基金关联建立分别发生在相邻两季度的情形没有本质差别。

关分析师没有基金关联时，取值为 0，因此也可以将佣金（Fee）看成是佣金和基金关联的交互项。基于佣金压力和佣金的反向关系，我们同样视 Fee 变量为佣金的压力的变量，其值越小佣金压力越大。

6.3.2.2 模型构建

(1) 基金关联和股票特质性风险关系模型

为了检验分析师基金关联对股票特质性风险的影响，借鉴 Rajgopal 和 Venkatachalam (2011) 和 Gu 等 (2013)，建立了以股票–年度–季度–分析师为分析单元的波动率模型 [式 (6-1)]。

$$\text{Var}_{i,j,q}/\text{VarA}_{i,j,q} = \alpha_0 + \beta_1 \text{Affiliation}_{i,j,q-1} + \alpha_1 \text{Senior}_{i,j,q} + \alpha_2 \text{Star}_{i,j,q} + \alpha_3 \text{Broker SIZE}_{i,j,q-1} + \alpha_4 \text{BHAR}^2_{i,j,q-1} + \alpha_5 \text{Following}_{i,j,q-1} + \alpha_6 \text{Fund Hold}_{i,j,q-1} + \alpha_7 \text{CFO}_{i,j,q-1} + \alpha_8 \text{VCFO}_{i,j,q-1} + \alpha_9 \text{MB}_{i,j,q-1} + \alpha_{10} \text{SIZE}_{i,j,q-1} + \alpha_{11} \text{Lev}_{i,j,q-1} + \alpha_{12} \text{BHAR}_{i,j,q-1} + \sum \text{Year} + \sum \text{Quarter} + \sum \text{Industry} + \varepsilon_{i,j,q} \tag{6-1}$$

式中，j 表示第 j 个公司；i 表示跟踪第 j 个公司的第 i 个分析师；ε 表示残差。控制变量包括分析师经验（Senior）、明星分析师哑变量（Star）、分析师跟踪（Following）、持有期收益（BHAR）及其平方项（BHAR^2）、机构持股（Fund Hold）、经营活动产生现金流量净额（经营性现金流）（CFO）及其波动率（VCFO）、成长性指标（MB）、企业规模（SIZE）和财务杠杆（Lev）。其中，分析师经验（Senior）和明星分析师的哑变量（Star）为分析师层级变量，其余控制变量为企业层级变量。表 6-1 说明了这些变量的定义和文献来源。此外，我们还控制了年度、季度和行业因素。

式 (6-1) 中，我们预期分析师基金关联哑变量 Affiliation 的系数 β_1 显著为正，即分析师基金关联（分析师压力的存在性）将导致更大的股票特质性风险。

(2) 佣金压力和股票特质性风险关系模型

在式 (6-1) 的基础上加入佣金压力变量，即基金关联股票对券商的重要性程度变量，得到模型式 (6-2)。

$$\text{Var}_{i,j,q}/\text{VarA}_{i,j,q} = \alpha_0 + \beta_1 \text{Affiliation}_{i,j,q-1} + \beta_2 \text{Fee}_{i,j,q-1} + \alpha_1 \text{Senior}_{i,j,q} + \alpha_2 \text{Star}_{i,j,q} + \alpha_3 \text{Broker Size}_{i,j,q-1} + \alpha_4 \text{BHAR}^2_{i,j,q-1} + \alpha_5 \text{Following}_{i,j,q-1} + \alpha_6 \text{Fund Hold}_{i,j,q-1} + \alpha_7 \text{CFO}_{i,j,q-1} + \alpha_8 \text{VCFO}_{i,j,q-1} + \alpha_9 \text{MB}_{i,j,q-1} + \alpha_{10} \text{SIZE}_{i,j,q-1} + \alpha_{11} \text{Lev}_{i,j,q-1} + \alpha_{12} \text{BHAR}_{i,j,q-1} + \sum \text{Year} + \sum \text{Quarter} + \sum \text{Industry} + \varepsilon_{i,t} \tag{6-2}$$

式 (6-2) 中，我们预期佣金压力的系数 β_2 的符号为负，说明佣金压力的增大会导致股票特质性风险的增大。

(3) 基金关联和佣金压力与风险调整后收益关系模型

为了研究关联分析师跟踪股票的市场表现，参考 Demirgüc 等（2010）的研究成果，使用夏普比率（Sharpe）来刻画风险调整后收益。Sharpe 值为分析师 i 对第 j 只股票发布分析报告后窗口期内累积收益和累积波动率的比值。将式（6-1）的被解释变量替换为夏普比率，得到检验关联分析师跟踪股票市场表现的式（6-3）。由于计算累积超额收益和累积波动率的方法不同，夏普比率的计算有八种方式，分别是收益率 $CAR_1/Var/BHAR_1/BHAR_2$ 和波动率 $VAR/VARA$ 的两两组合。其中，CAR_1 和 $BHAR_1$ 为基于平均加权市场收益率计算的分析师每季度首次发布分析师报告后 1~41 个交易日窗口期内的累计超额收益和买入持有收益，而 CAR_2 和 $BHAR_2$ 为基于市值加权市场收益率计算的分析师每季度首次发布分析师报告后 1~41 个交易日窗口期内的累计超额收益和买入持有收益。为检验风险调整后收益和佣金压力之间的非线性关系，还引入了佣金压力的平方项[本章的推理排除了风险与佣金压力的非线性关系，因此仅在式（6-3）中加入了佣金压力的平方项]。故检验模型式（6-3）为

$$Sharpe_{i,j,q} = \alpha_0 + \beta_1 Affiliation_{i,j,q-1} + \beta_2 Fee_{i,j,q-1} + \beta_3 Fee_{i,j,q-1}^2 + \alpha_1 Senior_{i,j,q} + \alpha_2 Star_{i,j,q} +$$
$$\alpha_3 Broker\ Size_{i,j,q-1} + \alpha_4 BHAR_{i,j,q-1}^2 + \alpha_5 Following_{i,j,q-1} + \alpha_6 Fund\ Hold_{i,j,q-1} +$$
$$\alpha_7 CFO_{i,j,q-1} + \alpha_8 VCFO_{i,j,q-1} + \alpha_9 MB_{i,j,q-1} + \alpha_{10} SIZE_{i,j,q-1} + \alpha_{11} Lev_{i,j,q-1} +$$
$$\alpha_{12} BHAR_{i,j,q-1} + \sum Year + \sum Quarter + \sum Industry + \varepsilon_{i,j,q} \quad (6\text{-}3)$$

表 6-1 控制变量定义和来源

变量名	定义	来源
Senior	分析师从发布第一份预测报告起，到目前为止的季度数+1 的对数	Gu 等（2013）
Star	是否为上榜《新财富》的最佳分析师	Gu 等（2013）
Broker Size	季度券商规模	Ljungqvist 等（2007）
Fund Hold	季度机构投资者的季度平均持股比例	Barinov（2013）；Rajgopal 和 Venkatachalam（2011）
Following	季度分析师跟踪人数	Yu（2008）
CFO	季度现金流（经营活动净值）除以总资产	Ismail 和 Kim（1989）；Rajgopal 和 Venkatachalam（2011）
VCFO	季度现金流（经营活动净值）和总资产比值的 4 个季度窗口期方差	Vuolteenaho（2002）；Rajgopal 和 Venkatachalam（2011）

续表

变量名	定义	来源
MB	季度市值和总资产的比值	Rajgopal 和 Venkatachalam（2011）；Barinov（2013）；Kothari 等（2009）
SIZE	季度股票市值的对数	Atiase（1985）；Freeman（1987）；Pastor 和 Veronesi（2003）；Kothari 等（2009）；Barinov（2013）
Lev	季度长期负债和总资产的比值	Rajgopal 和 Venkatachalam（2011）；Barinov（2013）；Kothari 等（2009）
BHAR	分析师报告日前2天到前62天窗口期内的买入持有期收益	Rajgopal 和 Venkatachalam（2011）

6.3.3 描述性统计

表6-2报告了关键变量的描述性统计量。结果显示原始收益率的波动率（Var）为8.3%，经Fama-French三因子模型调整后的超额收益率的波动率（VarA）为5.1%。Rajgopal 和 Venkatachalam（2011）报告的美国市场股票特质性风险在3%~4%，表明我国股票特质性风险要高于美国。累计超额收益（CAR）取值一般在-0.6%~1.4%，市值加权法下的CAR和平均加权法下的CAR不同。一般而言，基于平均加权法计算的CAR取值较低，表明我国股票市场中市值对CAR有影响，因此我们使用市值加权模型来反映CAR和BHAR。基金关联分析师的比例为58.7%，低于Gu等（2013）的70.7%，差异可能来源于样本期间。其余主要变量的标准差和极差统计量表明各个变量存在明显变异且都在接受范围内。

表6-2 主要变量的描述性统计量

变量	样本量	均值	标准差	最小值	25%分位	中位数	75%分位	最大值
Var	107 685	0.083	0.059	0.012	0.041	0.066	0.108	0.305
VarA	107 685	0.051	0.039	0.005	0.024	0.040	0.066	0.220
CAR_1（市值法）	70 176	-0.006	0.222	-1.779	-0.108	-0.008	0.093	3.685
CAR_2（平均法）	70 176	0.014	0.212	-1.459	-0.088	0.007	0.107	3.810
$BHAR_1$（市值法）	70 176	-0.012	0.221	-1.780	-0.114	-0.014	0.086	3.540
$BHAR_2$（平均法）	70 176	0.006	0.211	-1.466	-0.094	0.001	0.099	3.625

续表

变量	样本量	均值	标准差	最小值	25%分位	中位数	75%分位	最大值
Affiliation	203 672	0.587	0.492	0.000	0.000	1.000	1.000	1.000
Fee	203 696	7.284	6.181	0.000	0.000	11.451	12.718	14.232
Senior	261 027	1.911	1.352	0.000	0.000	2.197	3.135	3.761
Star	203 696	0.198	0.398	0.000	0.000	0.000	0.000	1.000
Broker Size	197 821	3.149	1.026	0.000	2.773	3.466	3.761	4.522
Fund Hold	197 821	1.976	0.817	0.000	1.386	2.079	2.565	3.258
Following	197 821	6.718	8.511	0.000	0.224	3.276	9.931	36.111
CFO	191 966	0.035	0.071	−0.151	−0.007	0.028	0.073	0.242
VCFO	197 421	0.007	0.018	0.000	0.000	0.000	0.000	0.129
MB	190 464	1.947	1.178	0.894	1.207	1.550	2.197	7.331
SIZE	190 464	23.216	1.293	20.271	22.270	23.049	24.019	26.579
Lev	192 174	0.086	0.107	0.000	0.000	0.039	0.142	0.450
BHAR	185 781	0.040	0.238	−0.429	−0.108	−0.001	0.143	0.989

未报告的相关性测试结果表明，四个特质性风险代理变量 Var/VarA/VarG/Var_1（其中 VarG/Var_1 用于稳健性测试）之间的相关系数最低的是 VarA 和 VarG[①] 的相关系数，达到了 48.2% 的相关性，最大的是 VarA 和 $VarA_1$[②] 的相关系数，达到了 82.5%。分析师压力的三个代理变量之间的相关性均在 81.7% 以上，具有较强的可替代关系。

6.4 实证分析

6.4.1 基金关联和佣金压力对股票特质性风险的影响

表 6-3 报告了式（6-1）和式（6-2）的回归结果。表 6-3 涉及两组 4 个子模型，模型 1a 和模型 2a（模型 1b 和模型 2b）的因变量是以第 q 季度基金关联分析师发布第一份报告后 1~41 天为窗口期的 Var（VarA）。模型 1a 和模型 1b 的

[①] VarG 是利用 AR(1)-GARCH(1,1) 模型计算的波动率。
[②] VarA 和 $VarA_1$ 分别表示用流通市值和总市值估计的三因子计算的波动率。

自变量是基金关联分析师哑变量（Affiliation$_{q-1}$），模型2a和模型2b的自变量是基金关联分析师哑变量（Affiliation$_{q-1}$）和佣金压力（Fee$_{q-1}$）。模型1a和模型1b的自变量Affiliation$_{q-1}$的系数显著为正，表明基金关联分析师跟踪的股票波动率更大，支持假设6.1。具体而言，基金关联分析师被迫给出了过度乐观的评级，造成市场的过度反应和事后修正，导致股票特质性风险更大。其他条件一致，基金关联建立将导致日收益波动率产生0.2%和0.3%增幅的边际效应，在经济上也是显著的，另外，模型中控制变量的边际效应也在这个数量级上。在模型2a和模型2b中，Affiliation$_{q-1}$和Fee$_{q-1}$的交互项系数为负显著，表明券商所获得佣金越多则该股价越稳定，验证了机构投资者大额持股时，特质性风险更低的结论；佣金压力越低，特质性风险越低，支持假设6.3。

其他波动率相关的控制变量的系数，也与以往文献和我们的预期一致。作为历史绩效的替代变量BHAR（-2, -42）的系数显著为正，其平方项（BHAR^2）的系数显著为正，表明风险和历史收益是U形关系。资深分析师（Senior）跟踪的股票波动率较小，而明星分析师（Star）跟踪的股票波动率较大，表明前者更为保守，而后者更为乐观。分析师跟踪（Following）较高的股票，波动率较小，表明分析师集中和股票特质性风险存在负相关关系，分析师偏好特质性风险小的股票或分析师跟踪能降低股票特质性风险。基金持股（Fund Hold）和波动率呈负相关关系，表明基金公司偏好于波动率较小的股票或基金持股能够降低股票的特质性风险，一定程度上体现了机构投资者的价值偏好。券商规模（BrokerSize）越大，波动率越小，表明大型券商的分析师偏好跟踪特质性风险性小的股票。现金流（CFO）和波动率为负向关系，表明充足的流动性可以降低股票市场波动。现金流4个季度窗口期内的波动率（VCFO）和股票波动率呈正向关系，体现了流动性风险向股票特质性风险的传播。股票成长性（MB）越高，股票波动性越大。市值起到股票波动的稳定器作用，从而公司规模（SIZE）和波动率呈负向关系。财务杠杆（Lev）和波动率呈正向关系，表明财务风险提供了一部分股票特质性风险。最后，修正R^2的取值在25%~43%，表明模型有较大的拟合优度。

表6-3 佣金压力和股票特质性风险

	模型1a	模型1b	模型2a	模型2b
	Var	VarA	Var	VarA
Affiliation$_{q-1}$	0.002 ***	0.003 ***	0.012 ***	0.007 ***
	0.000	0.000	-0.002	-0.002

续表

	模型1a	模型1b	模型2a	模型2b
	Var	VarA	Var	VarA
Fee_{q-1}			−0.001***	−0.0001**
			(0.000)	(0.000)
$Senior_q$	−0.0001**	−0.0001	−0.0001**	−0.0001
	(0.000)	(0.000)	(0.000)	(0.000)
$Star_{q-1}$	0.001**	0.0001	0.001**	0.0001
	(0.000)	(0.000)	(0.000)	(0.000)
$Broker\ Size_{q-1}$	−0.002***	−0.001***	−0.002***	−0.001***
	(0.000)	(0.000)	(0.000)	(0.000)
$BHAR^2_{q-1}$	0.088***	0.084***	0.088***	0.084***
	(−0.001)	(−0.001)	(−0.001)	(−0.001)
$Fund\ Hold_{q-1}$	−0.002***	−0.001***	−0.002***	−0.001***
	(0.000)	(0.000)	(0.000)	(0.000)
$Following_{q-1}$	−0.0001***	−0.0001	−0.0001***	−0.0001
	(0.000)	(0.000)	(0.000)	(0.000)
CFO_{q-1}	−0.042***	−0.028***	−0.042***	−0.028***
	(−0.002)	(−0.002)	(−0.002)	(−0.002)
$VCFO_{q-1}$	0.031***	−0.007	0.031***	−0.007
	(−0.009)	(−0.007)	(−0.009)	(−0.007)
MB_{q-1}	0.002***	0.003***	0.002***	0.003***
	(0.000)	(0.000)	(0.000)	(0.000)
$SIZE_{q-1}$	−0.005***	−0.004***	−0.005***	−0.004***
	(0.000)	(0.000)	(0.000)	(0.000)
Lev_{q-1}	0.033***	0.015***	0.033***	0.015***
	(−0.002)	(−0.001)	(−0.002)	(−0.001)
$BHAR_{q-1}$	0.005***	0.004***	0.005***	0.004***
	(−0.001)	(−0.001)	(−0.001)	(−0.001)
截距项	控制	控制	控制	控制
年度	控制	控制	控制	控制
季度	控制	控制	控制	控制
行业	控制	控制	控制	控制

续表

	模型 1a	模型 1b	模型 2a	模型 2b
	Var	VarA	Var	VarA
Adj R^2	0.429	0.249	0.429	0.249
F 值	1930 ***	853 ***	1881 ***	831 ***
N	95 099	95 099	95 099	95 099

*、**、*** 分别表示在 10%、5%、1% 的检验水平上显著，下同；控制了截距项和年度、季度、行业的固定效应，下同。

6.4.2　基金关联和佣金压力对风险调整后收益的影响

为阐明佣金压力和风险调整后收益间的关系，我们在表 6-4 中报告了模型式 (6-3) 的回归结果，共涉及 8 个子模型。模型 3a (1) 至模型 3a (4) ［模型 3b (1) 至模型 3b (4)］ 的因变量分别是 CAR_1/Var、CAR_2/Var、$BHAR_1/Var$ 和 $BHAR_2/Var$（$CAR_1/VarA$、$CAR_2/VarA$、$BHAR_1/VarA$ 和 $BHAR_2/VarA$）。在每个子模型的回归结果中都可以看到，$Affiliation_{q-1}$ 系数显著为正，即基金关联分析师跟踪的股票的风险调整后收益显著较高，如模型 3a (1)~模型 3a (4)，关联组的风险调整后收益将比非关联组高出约 10%，这说明基金关联分析师跟踪的股票风险虽然更高，但是其风险的提高不足以抵消基金关联对收益影响的增量，即对将夏普比率作为效用模型的投资来说，基金关联的股票是更优的选择，尽管其负担了更大的风险，机构投资者可以通过影响基金关联分析师的行为获得超额收益。风险调整后收益和佣金压力之间呈正向关系，而二次项系数显著为正，表明佣金压力的边际效应在一定的临界点之前为正数，临界点之上为负数，呈现 U 形关系。虽然检验出这两者存在显著的非线性关系，但在我们的样本范围内，由于该临界点远高于风险调整后收益的上边界，所以应取 U 形关系的左边，即此时边际效应为正数，表现为佣金压力增加导致风险调整后收益增加，只是边际效应是递减的[①]。事实上，较大的佣金意味着机构投资者更高的交易费用和更大的股票份额，从而这一方面促使其更有稳定股价的动机，使得佣金压力的降低减小了股票的特质性风险，又由于风险和收益相匹配，其机构持股赚钱效应也随之减少，以上结果支持了假设 6.3 和假设 6.4。

---

① 由于临界点远在样本点外，故本章和 Gu (2013) 一样并未在表 6-4 中加入佣金压力的平方项。

表6-4 佣金压力和风险调整后收益

	模型 3a (1) CAR_1/Var	模型 3a (2) CAR_2/Var	模型 3a (3) $BHAR_1/Var$	模型 3a (4) $BHAR_2/Var$	模型 3b (1) $CAR_1/VarA$	模型 3b (2) $CAR_2/VarA$	模型 3b (3) $BHAR_1/VarA$	模型 3b (4) $BHAR_2/VarA$
$Affiliation_{q-1}$	0.097* (0.05)	0.101** (0.048)	0.098* (0.05)	0.1** (0.048)	0.251*** (0.09)	0.259*** (0.082)	0.252*** (0.09)	0.258*** (0.082)
Fee_{q-1}	-0.019** (0.009)	-0.019** (0.008)	-0.02** (0.009)	-0.019** (0.008)	-0.051*** (0.016)	-0.05*** (0.014)	-0.051*** (0.016)	-0.049*** (0.014)
Fee_{q-1}^2	0.001** (0.000)	0.001** (0.000)	0.001** (0.000)	0.001** (0.000)	0.002*** (0.001)	0.002*** (0.001)	0.002*** (0.001)	0.002*** (0.001)
$Senior_q$	-0.002* (0.001)	-0.002** (0.001)	-0.001 (0.001)	-0.002* (0.001)	-0.001 (0.002)	-0.002 (0.001)	-0.001 (0.002)	-0.002 (0.001)
$Star_{q-1}$	-0.002 (0.002)	-0.002 (0.002)	-0.002 (0.002)	-0.002 (0.002)	-0.003 (0.004)	-0.004 (0.004)	-0.004 (0.004)	-0.004 (0.004)
$Broker\ Size_{q-1}$	-0.0001 (0.001)	0.001 (0.001)	-0.0001 (0.001)	0.002 (0.001)	-0.004** (0.002)	-0.001 (0.002)	-0.004** (0.002)	-0.001 (0.002)
$BHAR_{q-1}^2$	-0.291*** (0.008)	-0.311*** (0.008)	-0.298*** (0.008)	-0.317*** (0.008)	-0.45*** (0.015)	-0.494*** (0.013)	-0.458*** (0.015)	-0.501*** (0.013)
$Fund\ Hold_{q-1}$	0.018*** (0.001)	0.017*** (0.001)	0.018*** (0.001)	0.017*** (0.001)	0.03*** (0.003)	0.026*** (0.002)	0.029*** (0.003)	0.026*** (0.002)
$Following_{q-1}$	0.001*** (0.000)	0.001*** (0.000)	0.001*** (0.000)	0.001*** (0.000)	0.003*** (0.000)	0.002*** (0.000)	0.003*** (0.000)	0.002*** (0.000)
CFO_{q-1}	0.167*** (0.013)	0.176*** (0.012)	0.172*** (0.013)	0.181*** (0.012)	0.257*** (0.023)	0.264*** (0.021)	0.265*** (0.023)	0.271*** (0.021)
$VCFO_{q-1}$	-0.023 (0.047)	0.007 (0.044)	-0.024 (0.047)	0.006 (0.044)	-0.066 (0.084)	0.007 (0.077)	-0.071 (0.083)	0.002 (0.076)
MB_{q-1}	0.006*** (0.001)	0.006*** (0.001)	0.006*** (0.001)	0.006*** (0.001)	0.013*** (0.001)	0.01*** (0.001)	0.013*** (0.001)	0.01*** (0.001)
$SIZE_{q-1}$	-0.007*** (0.001)	-0.004*** (0.001)	-0.006*** (0.001)	-0.004*** (0.001)	-0.013*** (0.001)	-0.007*** (0.001)	-0.012*** (0.001)	-0.006*** (0.001)
Lev_{q-1}	-0.016* (0.009)	-0.025*** (0.009)	-0.018* (0.009)	-0.027*** (0.009)	-0.028* (0.017)	-0.045*** (0.015)	-0.035** (0.017)	-0.051*** (0.015)

续表

	模型 3a (1)	模型 3a (2)	模型 3a (3)	模型 3a (4)	模型 3b (1)	模型 3b (2)	模型 3b (3)	模型 3b (4)
	CAR_1 /Var	CAR_2 /Var	$BHAR_1$ /Var	$BHAR_2$ /Var	CAR_1 /VarA	CAR_2 /VarA	$BHAR_1$ /VarA	$BHAR_2$ /VarA
$BHAR_{q-1}$	0.519*** (0.004)	0.52*** (0.004)	0.519*** (0.004)	0.52*** (0.004)	0.839*** (0.008)	0.837*** (0.007)	0.839*** (0.008)	0.837*** (0.007)
Adj R^2	0.234	0.246	0.234	0.246	0.209	0.222	0.21	0.223
F 值	481***	513***	480***	513***	416***	450***	418***	452***
N	61 314	61 314	61 314	61 314	61 314	61 314	61 314	61 314

6.4.3 稳健性测试

为了保证假设检验的可靠性，本章还从以下四个方面做了稳健性测试。

6.4.3.1 特质性风险

本章对基于原始数据、Fama-Fench 三因子调整后收益率计算的股票波动率已经做了比较系统的稳健性测试。由于 VarA 是利用基于流通市值加权风险因子计算的超额收益率计算的，本章还利用基于总市值加权风险因子计算的波动率（$VarA_1$）和更平滑的 AR（1）-GARCH（1，1）模型重新估计波动率进行检验。运用 AR（1）-GARCH（1，1）模型的具体操作是先分股票估计如下 AR（1）-GARCH（1，1）模型参数：$r_t = \alpha_0 + \alpha_1 r_{t-1} + u_t$，$u_t = \sigma_t r_t$；$\sigma_{t2} = \beta_0 + \beta_1 \sigma_{t-1}^2 + \beta_1 u_t^2$。其中，$r_t$ 为日收益率；u_t 为扰动项；σ_t^2 为条件方差；v_t 为均值为 0 方差为 1 的独立同分布序列；满足 $\beta_0 > 0$，β_1 和 $\beta_2 \geq 0$，$\beta_1 + \beta_2 = 1$。然后，利用估计出的日收益率的条件方差，计算分析师季度首次发布评级报告后窗口期内波动率的均值［分别记为 VarG（+1，+21）、VarG（+1，+41）和 VarG（+1，+61）］。该方法估计出的波动率较为平滑。这些方法下的面板分析中，基金关联分析师和佣金压力的结果均与前文结果基本一致。

6.4.3.2 佣金压力

本章还使用 Significant Affiliations 作为佣金压力的代理变量（Gu et al., 2013）。如果券商所收到的佣金大于该股票该年度该季度内券商所收到股票的均值或者大于总佣金的5%,这样的股票成为非压力方,Significant Affiliations 的值等于非压力方的个数加1的对数,该变量和 Affiliation 取值同期。无分析师关联时,取值为0。

6.4.3.3 窗口期

本章报告了窗口期为分析师每个季度第一次发布报告后 1~41 个交易日的结果,除此之外,本章还测试了窗口期为(1,21)个交易日和(1,61)个交易日内的结果,结论不变。

6.4.3.4 公司固定效应

本章还在控制年度和季度效应的基础上控制了公司的固定效应,除了个别系数显著性有所降低外,结果保持稳健。

限于篇幅,稳健性测试的结果没有在正文中呈现。

6.5 进一步讨论

6.5.1 基金关联分析师评级和市场反应

作为佐证,本章在式(6-2)和式(6-3)的右侧引入了本期的分析师评级变量,得到模型式(6-4),用以考察波动率/风险调整后收益是否会因关联分析师评级的不同而异。

$$\begin{aligned}
\text{Var}_{i,j,q}/\text{VarA}_{i,j,q}/\text{Sharpe}_{i,j,q} =\ & \alpha_0 + \lambda_1 D(\text{REC}=4)_{i,j,q} + \lambda_2 D(\text{REC}=3)_{i,j,q} + \lambda_3 D(\text{REC}=4)_{i,j,q} \times \\
& \text{Affiliation}_{i,j,q-1} + \lambda_4 D(\text{REC}=3)_{i,j,q} \times \\
& \text{Affiliation}_{i,j,q-1} + \lambda_5 D(\text{REC}=4)_{i,j,q} \times \\
& \text{Fee}_{i,j,q-1} + \lambda_6 D(\text{REC}=3)_{i,j,q} \times \\
& \text{Fee}_{i,j,q-1} + \lambda_7 \text{Affiliation}_{i,j,q-1} + \lambda_7 \text{Fee}_{i,j,q-1} + \\
& \alpha_1 \text{Senior}_{i,j,q} + \alpha_2 \text{Star}_{i,j,q} + \alpha_3 \text{Broker Size}_{i,j,q} + \alpha_4 \text{BHAR}^2_{i,j,q-1} + \\
& \alpha_5 \text{Following}_{i,j,q-1} + \alpha_6 \text{Fund Hold}_{i,j,q-1} + \alpha_7 \text{CFO}_{i,j,q-1} + \\
& \alpha_8 \text{VCFO}_{i,j,q-1} + \alpha_9 \text{MB}_{i,j,q-1} + \\
& \alpha_{10} \text{SIZE}_{i,j,q-1} + \alpha_{11} \text{Lev}_{i,j,q-1} + \alpha_{12} \text{BHAR}_{i,j,q-1} + \\
& \sum \text{Year} + \sum \text{Quarter} + \sum \text{Industry} + \varepsilon_{i,j,q}
\end{aligned} \quad (6\text{-}4)$$

其中，因变量是窗口期内的波动率或风险调整后收益，$D(REC=4)$ 和 $D(REC=3)$ 分别表示分析师给出强烈买入评级或者买入评级的哑变量。

我们从基金关联分析师给出评级后的股票特质性风险和风险调整后收益两个维度来考察市场反应。表6-5列示了式（6-4）的回归结果。模型4a和模型4b的因变量分别是 Var（1，61）和 VarA（1，61），用于检验关联分析师评级和股票特征性风险关系。模型4c～模型4f的因变量分别为 CAR_1/Var、CAR_2/Var、$BHAR_1/Var$ 和 $BHAR_2/Var$，用于检验基金关联分析师评级的市场反应，即基金关联分析师和风险调整后收益之间的关系。六个模型的自变量均为分析师评级为强烈买入的哑变量 $D(REC=4)$、评级为买入的哑变量 $[D(REC=3)]$ 和它们与基金关联分析师哑变量（Affiliation），以及佣金压力哑变量（Fee）的交互项，共六个自变量。其中，当分析师给出强烈买入评级时 $D(REC=4)$ 取值为1，否则为0；当分析师给出买入评级时 $D(REC=3)$ 取值为1，否则为0。借鉴Gu等（2013）的做法，将窗宽定为1～61个交易日，略短于3个月长的日历时间。作为稳健性测试，我们发现窗宽为（+1，+21）和（+1，+41）的回归结果与表6-5中结果保持一致。

表6-5 关联分析师评级和市场反应

	模型4a	模型4b	模型4c	模型4d	模型4e	模型4f
	Var(1, 61)	VarA(1, 61)	$CAR_1/VarA$	$CAR_2/VarA$	$BHAR_1/VarA$	$BHAR_2/VarA$
$D(REC=4)$	<0.0011	0.002***	0.009***	0.01***	0.009***	0.01***
	(0.001)	(0.001)	(0.002)	(0.002)	(0.002)	(0.002)
$D(REC=3)$	−0.003***	−0.001	0.001	0.001	0.001	0.001
	(0.001)	(<0.001)	(0.002)	(0.002)	(0.002)	(0.002)
$D(REC=4) \times Affiliation_{q-1}$	0.03***	0.029***	0.142***	0.133***	0.141***	0.131***
	(0.007)	(0.005)	(0.02)	(0.019)	(0.02)	(0.019)
$D(REC=3) \times Affiliation_{q-1}$	0.055***	0.043***	0.134***	0.122***	0.133***	0.121***
	(0.007)	(0.005)	(0.019)	(0.018)	(0.019)	(0.018)
$D(REC=4) \times Fee_{q-1}$	−0.002***	−0.002***	−0.012***	−0.011***	−0.012***	−0.011***
	(0.001)	(<0.001)	(0.002)	(0.001)	(0.002)	(0.001)
$D(REC=3) \times Fee_{q-1}$	−0.004***	−0.003***	−0.011***	−0.009***	−0.01***	−0.009***
	(0.001)	(<0.001)	(0.002)	(0.001)	(0.002)	(0.001)
$Affiliation_{q-1}$	−0.037***	−0.029***	−0.126***	−0.103***	−0.124***	−0.101***
	(0.006)	(0.005)	(0.017)	(0.016)	(0.017)	(0.016)
Fee_{q-1}	0.003***	0.002***	0.01***	0.008***	0.01***	0.008***
	(0.001)	(<0.001)	(0.001)	(0.001)	(0.001)	(0.001)

续表

	模型 4a	模型 4b	模型 4c	模型 4d	模型 4e	模型 4f
	Var(1, 61)	VarA(1, 61)	CAR_1/VarA	CAR_2/VarA	$BHAR_1$/VarA	$BHAR_2$/VarA
$Senior_q$	−0.001***	−0.001	−0.002***	−0.001**	−0.002***	−0.001**
	(<0.001)	(<0.001)	(<0.001)	(<0.001)	(<0.001)	(<0.001)
$Star_{q-1}$	0.001**	−0.001***	−0.002	−0.002*	−0.001	−0.002
	(<0.001)	(<0.001)	(0.001)	(0.001)	(0.001)	(0.001)
$Broker\ Size_{q-1}$	−0.002***	−0.001***	−0.001	−0.001	−0.001	−0.001
	(<0.001)	(<0.001)	(0.001)	(0.001)	(0.001)	(0.001)
$BHAR^2_{q-1}$	0.086***	0.083***	−0.191***	−0.204***	−0.194***	−0.207***
	(0.001)	(0.001)	(0.004)	(0.004)	(0.004)	(0.004)
$Fund\ Hold_{q-1}$	−0.003***	−0.001***	0.006***	0.006***	0.005***	0.005***
	(<0.001)	(<0.001)	(0.001)	(0.001)	(0.001)	(0.001)
$Following_{q-1}$	0.001***	0.001***	0.001***	0.001***	0.001***	0.001***
	(<0.001)	(<0.001)	(<0.001)	(<0.001)	(<0.001)	(<0.001)
CFO_{q-1}	−0.033***	−0.021***	0.063***	0.071***	0.066***	0.074***
	(0.002)	(0.002)	(0.007)	(0.006)	(0.007)	(0.006)
$VCFO_{q-1}$	0.062***	0.022***	0.008	0.017	0.009	0.019
	(0.011)	(0.008)	(0.029)	(0.027)	(0.029)	(0.027)
MB_{q-1}	0.002***	0.003***	0.003***	0.003***	0.003***	0.003***
	(<0.001)	(<0.001)	(<0.001)	(<0.001)	(<0.001)	(<0.001)
$SIZE_{q-1}$	−0.005***	−0.004***	0.001***	0.002***	0.002***	0.003***
	(<0.001)	(<0.001)	(<0.001)	(<0.001)	(<0.001)	(<0.001)
Lev_{q-1}	0.028***	0.011***	−0.026***	−0.032***	−0.028***	−0.033***
	(0.002)	(0.001)	(0.005)	(0.004)	(0.005)	(0.004)
$BHAR_{q-1}$	0.004***	0.002***	0.314***	0.315***	0.314***	0.314***
	(0.001)	(0.001)	(0.002)	(0.002)	(0.002)	(0.002)
截距项	控制	控制	控制	控制	控制	控制
年度	控制	控制	控制	控制	控制	控制
季度	控制	控制	控制	控制	控制	控制
行业	控制	控制	控制	控制	控制	控制
Adj R^2	0.478	0.325	0.342	0.350	0.342	0.350
F 值	1427***	749***	554***	574***	553***	573***
N	79 402	79 402	54 238	54 238	54 238	54 238

从模型 4a 和模型 4b 的回归结果可以看出，$D(REC=4)$ 的系数显著为正，说明强烈买入评级会给市场带来较大的波动，而 $D(REC=4)$ 和 Affiliation 的交互项系数显著为正，说明如果强烈买入评级来自关联分析师时，股票波动率会更大。换言之，过度乐观的评级会给市场带来较大的波动，而关联分析师给出的过度乐观评级加剧波动。在剩余的三类评级中，可以观测到如下结果。我国分析师给出持有以下评级的比例不超过 8%[①]，因此一旦评价降级，股票波动率将明显提升，这可以很好地解释分析师给出买入评级时，股票波动率要小于负面评级的现象。可见，三类评级中，波动率最小的是买入评级。然而，与强烈买入评级相同，如果买入评级是关联分析师做出的，那么股票的波动率会增大，表现为 $D(REC=3)$ 和 Affiliation 的交互项显著为正。上述分析表明过度乐观的评级会造成更大的市场波动，一般乐观的评级能起到稳定市场的作用；分析师的基金关联在乐观评价将增加股价的波动率，本章猜测可能是分析师信号传递的影响。$D(REC=3)/D(REC=4)$ 和 Fee 的交互项系数显著为负，说明机构持股的规模的增大有助于稳定市场。事实上，基金持股（Fund Hold）前的系数为负，也证明了机构持股量有助于稳定市场。

我们把该分析思路用于分析模型 4c~模型 4f，研究分析师评级和风险调整后收益的关系，发现各个自变量的符号和波动率效应完全一致。具体地，强烈买入评级的风险调整后收益最高，这体现了分析师在给出这类评级时的市场自信，而这种自信促使市场有更好的反应；基金关联对风险调整后收益有正向影响，如果强烈买入评级或者买入评级由关联分析师做出，市场反应会更大，表明市场认可机构持股的赚钱效应；买入评级的风险调整后收益最低，如果风险和收益匹配，这和我们对买入评级对波动率的稳定作用的解释一致；佣金和买入评级的交互项系数显著为负数，表现出机构投资者有强烈的稳定股票的动机。

6.5.2　基金关联分析师乐观偏差和市场反应

为检验关联分析师过度乐观对波动率的正向影响，构建如下模型［式 (6-5)］，引入股票的相对评级 Relative REC 变量衡量乐观偏差（Gu et al.，2013；Firth et al.，2013）。具体的，第 q 季度中，分析师对某只股票所做出的评级如果高于同一季度分析师评级的均值，则该变量取值为 1，否则为 0。

---

① 见 6.5.4 节。

$$\begin{aligned}
\text{Var}_{i,j,q}/\text{VarA}_{i,j,q}/\text{Sharpe}_{i,j,q} = &\alpha_0 + \lambda_1 D(\text{Relative REC}=1)_{i,j,q} + \lambda_2 D(\text{Relative REC}=1)_{i,j,q} \times \\
&\text{Affiliation}_{i,j,q-1} + \lambda_3 D(\text{Relative REC}=1)_{i,j,q} \times \text{Fee}_{i,j,q-1} + \\
&\lambda_4 \text{Affiliation}_{i,j,q-1} + \lambda_5 \text{Fee}_{i,j,q-1} + \alpha_1 \text{Senior}_{i,j,q} + \\
&\alpha_2 \text{Star}_{i,j,q} + \alpha_3 \text{Broker Size}_{i,j,q-1} + \alpha_4 \text{BHAR}^2_{i,j,q-1} + \\
&\alpha_5 \text{Following}_{i,j,q-1} + \alpha_6 \text{Fund Hold}_{i,j,q-1} + \alpha_7 \text{CFO}_{i,j,q-1} + \\
&\alpha_8 \text{VCFO}_{i,j,q-1} + \alpha_9 \text{MB}_{i,j,q-1} + \alpha_{10} \text{SIZE}_{i,j,q-1} + \alpha_{11} \text{Lev}_{i,j,q-1} + \\
&\alpha_{12} \text{BHAR}_{i,j,q-1} + \sum \text{Year} + \sum \text{Quarter} + \sum \text{Industry} + \varepsilon_{i,t}
\end{aligned}$$

(6-5)

表 6-6 报告了式（6-5）的回归结果，因变量与表 6-5 各列回归的因变量对应相同，自变量为 Relative REC 及其和关联分析师哑变量 Affiliation，以及佣金压力 Fee 的交互项。仍然选取 60 个交易日的窗口期，将窗宽改为（1，21）和（1，41）时，表中结果基本不变。

表 6-6 的波动率模型回归结果证实了我们有关基金关联分析师乐观偏差的结论。模型 5a 和模型 5b 中 Relative REC 和 Affliation 的交互项系数为负显著，而 Relative REC 和 Fee 之间的交互项系数为正显著，说明分析师关联有助于降低乐观偏差带来的价格风险，但佣金压力的增加会增加股票特质性风险。从风险调整后收益的回归结果中，得到了和波动率回归结果同样的符号，体现了风险和收益匹配的特征。具体的，关联分析师的乐观偏差增加风险调整后收益；佣金压力则会降低调整后收益。可见，基金关联可以有助于降低风险和提高收益，但是如果佣金压力过大则有害无益。

表 6-6 关联分析师乐观评级和市场反应

	模型 5a	模型 5b	模型 5c	模型 5d	模型 5e	模型 5f
	Var (1, 61)	VarA (1, 61)	CAR1 /VarA	CAR2 /VarA	BHAR1 /VarA	BHAR2/VarA
Relative REC	0.003*** (<0.001)	0.002*** (<0.001)	0.002* (0.001)	0.003** (0.001)	0.002* (0.001)	0.003** (0.001)
Relative REC× Affiliation$_{q-1}$	−0.027*** (0.004)	−0.012*** (0.003)	0.013 (0.012)	0.022** (0.011)	0.013 (0.012)	0.022** (0.011)
Relative REC× Fee$_{q-1}$	0.002*** (<0.001)	0.001*** (<0.001)	−0.001 (0.001)	−0.002** (0.001)	−0.001 (0.001)	−0.002** (0.001)
Affiliation$_{q-1}$	0.015*** (0.003)	0.01*** (0.002)	−0.009 (0.008)	−0.001 (0.008)	−0.009 (0.008)	−0.001 (0.008)

续表

	模型 5a	模型 5b	模型 5c	模型 5d	模型 5e	模型 5f
	Var(1, 61)	VarA(1, 61)	CAR1/VarA	CAR2/VarA	BHAR1/VarA	BHAR2/VarA
Fee_{q-1}	−0.001***	−0.001***	0.001	0.001	0.001	0.001
	(<0.001)	(<0.001)	(0.001)	(0.001)	(0.001)	(0.001)
$Senior_q$	−0.001***	−0.001	−0.002***	−0.001**	−0.002***	−0.001**
	(<0.001)	(<0.001)	(<0.001)	(<0.001)	(<0.001)	(<0.001)
$Star_{q-1}$	0.001**	−0.001***	−0.001	−0.002*	−0.001	−0.002
	(<0.001)	(<0.001)	(0.001)	(0.001)	(0.001)	(0.001)
$BHAR^2_{q-1}$	−0.002***	−0.001***	0.001	0.001	0.001	0.001
	(<0.001)	(<0.001)	(0.001)	(0.001)	(0.001)	(0.001)
$Broker\ Size_{q-1}$	0.086***	0.083***	−0.191***	−0.204***	−0.194***	−0.207***
	(0.001)	(0.001)	(0.004)	(0.004)	(0.004)	(0.004)
$Fund\ Hold_{q-1}$	−0.003***	−0.001***	0.006***	0.006***	0.006***	0.006***
	(<0.001)	(<0.001)	(0.001)	(0.001)	(0.001)	(0.001)
$Following_{q-1}$	0***	0***	0.001***	0.001***	0.001***	0.001***
	(<0.001)	(<0.001)	(<0.001)	(<0.001)	(<0.001)	(<0.001)
CFO_{q-1}	−0.033***	−0.021***	0.063***	0.072***	0.066***	0.074***
	(0.002)	(0.002)	(0.007)	(0.006)	(0.007)	(0.006)
$VCFO_{q-1}$	0.071***	0.026***	0.012	0.022	0.012	0.023
	(0.011)	(0.008)	(0.029)	(0.027)	(0.029)	(0.027)
MB_{q-1}	0.002***	0.003***	0.003***	0.003***	0.003***	0.003***
	(<0.001)	(<0.001)	(<0.001)	(<0.001)	(<0.001)	(<0.001)
$SIZE_{q-1}$	−0.005***	−0.004***	0.001***	0.002***	0.002***	0.003***
	(<0.001)	(<0.001)	(<0.001)	(<0.001)	(<0.001)	(<0.001)
Lev_{q-1}	0.028***	0.011***	−0.027***	−0.033***	−0.029***	−0.034***
	(0.002)	(0.001)	(0.005)	(0.004)	(0.005)	(0.004)
$BHAR_{q-1}$	0.004***	0.002***	0.315***	0.315***	0.314***	0.314***
	(0.001)	(0.001)	(0.002)	(0.002)	(0.002)	(0.002)
截距项	控制	控制	控制	控制	控制	控制
年度	控制	控制	控制	控制	控制	控制
季度	控制	控制	控制	控制	控制	控制

续表

	模型 5a	模型 5b	模型 5c	模型 5d	模型 5e	模型 5f
	Var(1, 61)	VarA(1, 61)	CAR1/VarA	CAR2/VarA	BHAR1/VarA	BHAR2/VarA
行业	控制	控制	控制	控制	控制	控制
Adj R^2	0.478	0.324	0.341	0.349	0.341	0.349
F 值	1515***	794***	585***	607***	585***	606***
N	79 402	79 402	54 238	54 238	54 238	54 238

6.5.3 基金持股和市场反应

为检验基金持股对风险的负向影响和对收益的正向影响，构建如下模型 [式 (6-6)]。因变量仍为波动率和风险调整后收益，自变量为基金持股哑变量 Fund Hold 和关联分析师哑变量 Affiliation 以及佣金 Fee 的交互项。

$$\mathrm{Var}_{i,j,q}/\mathrm{VarA}_{i,j,q}/\mathrm{Sharpe}_{i,j,q} = \alpha_0 + \lambda_1 \mathrm{Fund\ Hold}_{i,j,q-1} + \lambda_2 \mathrm{Fund\ Hold}_{i,j,q-1} \times \mathrm{Affiliation}_{i,j,q-1} + \lambda_3 \mathrm{Fund\ Hold}_{i,j,q-1} \times \mathrm{Fee}_{i,j,q-1} + \lambda_4 \mathrm{Affiliation}_{i,j,q-1} + \lambda_5 \mathrm{Fee}_{i,j,q-1} + \alpha_1 \mathrm{Senior}_{i,j,q} + \alpha_2 \mathrm{Star}_{i,j,q} + \alpha_3 \mathrm{Broker\ Size}_{i,j,q-1} + \alpha_4 \mathrm{BHAR}^2_{i,j,q-1} + \alpha_5 \mathrm{Following}_{i,j,q-1} + \alpha_6 \mathrm{CFO}_{i,j,q-1} + \alpha_7 \mathrm{VCFO}_{i,j,q-1} + \alpha_8 \mathrm{MB}_{i,j,q-1} + \alpha_9 \mathrm{SIZE}_{i,j,q-1} + \alpha_{10} \mathrm{Lev}_{i,j,q-1} + \alpha_{11} \mathrm{BHAR}_{i,j,q-1} + \sum \mathrm{Year} + \sum \mathrm{Quarter} + \sum \mathrm{Industry} + \varepsilon_{i,t}$$

(6-6)

表 6-7 报告了式 (6-6) 的回归结果。由表 6-3 和表 6-4 可知，机构持股有助于降低股价风险且提高风险调整收益。由模型 6a 和 6b 可以看出，Fund Hold 和 Affiliation 的系数显著为负，表明如果机构持有的股票有佣金关联分析师跟踪，则波动率越小；这表明机构持股降低股价风险可能是通过关联分析师跟踪实现的，或者是由于机构和关联基金选择的股票都是稳定性较高的股票。由模型 6c ~ 模型 6f 可以看出，Fund Hold 和 Affiliation 的交互项系数为正，但不显著，表明机构持有的股票有否关联分析师跟踪可以增加风险调整后收益；但 Fund Hold 和 Fee 的交互系数为负显著，表明基金对其所持有的份额较大的股票，更追求较为稳定的股价这一可能性更大，从而风险调整后收益也相对较低；另一种可能是市场对佣金压力过大的分析师有一定的识别能力，从而预期市场反应较为悲观。从

而，这为基金有强烈的稳定股价的意图提供了较为充分的证据。

表 6-7 机构持股和市场反应

	模型 6a	模型 6b	模型 6c	模型 6d	模型 6e	模型 6f
	Var (1, 61)	VarA (1, 61)	CAR_1/Var	CAR_2/VarA	$BHAR_1$/VarA	$BHAR_2$/VarA
Fund Hold$_{q-1}$	0.003 (0.029)	0.002 (0.033)	0.002 (0.011)	0.003 (0.013)	0.002 (0.011)	0.003 (0.013)
Fund Hold$_{q-1}$ × Affiliation$_{q-1}$	-0.026*** (-0.228)	-0.012*** (-0.164)	0.01 (0.039)	0.02 (0.083)	0.01 (0.038)	0.019 (0.081)
Fund Hold$_{q-1}$ × Fee$_{q-1}$	0.002 (0.214)	0.001 (0.132)	-0.001*** (-0.038)	-0.002*** (-0.082)	-0.001*** (-0.037)	-0.002*** (-0.08)
Affiliation$_{q-1}$	0.017 (0.155)	0.008 (0.116)	-0.019*** (-0.082)	-0.01*** (-0.043)	-0.019*** (-0.08)	-0.009*** (-0.039)
Fee$_{q-1}$	-0.001*** (-0.16)	-0.001*** (-0.086)	0.002 (0.086)	0.001 (0.045)	0.002 (0.084)	0.001 (0.042)
Senior$_q$	-0.001*** (-0.017)	-0.001*** (-0.005)	-0.002*** (-0.015)	-0.001*** (-0.009)	-0.002*** (-0.015)	-0.001*** (-0.009)
Star$_{q-1}$	0.001 (0.006)	-0.001*** (-0.01)	-0.001*** (-0.005)	-0.002*** (-0.006)	-0.001*** (-0.004)	-0.001*** (-0.005)
Broker Size$_{q-1}$	-0.002*** (-0.025)	-0.001*** (-0.023)	-0.001*** (<0.001)	-0.001 (0.001)	-0.001 (0.001)	-0.001 (0.001)
BHAR$^2_{q-1}$	0.086 (0.225)	0.083 (0.333)	-0.191*** (-0.219)	-0.205*** (-0.247)	-0.194*** (-0.223)	-0.207*** (-0.251)
Following$_{q-1}$	-0.003*** (-0.042)	-0.001*** (-0.015)	0.008 (0.052)	0.008 (0.052)	0.008 (0.051)	0.008 (0.052)
CFO$_{q-1}$	-0.034*** (-0.045)	-0.02*** (-0.041)	0.069 (0.042)	0.077 (0.05)	0.072 (0.044)	0.079 (0.051)
VCFO$_{q-1}$	0.075 (0.019)	0.024 (0.009)	-0.005*** (-0.001)	0.009 (0.001)	-0.004*** (-0.001)	0.009 (0.001)
MB$_{q-1}$	0.002 (0.061)	0.003 (0.153)	0.004 (0.065)	0.004 (0.057)	0.004 (0.064)	0.004 (0.055)
SIZE$_{q-1}$	-0.005*** (-0.102)	-0.004*** (-0.132)	0.001 (0.014)	0.003 (0.027)	0.002 (0.019)	0.003 (0.032)

续表

	模型 6a	模型 6b	模型 6c	模型 6d	模型 6e	模型 6f
	Var (1, 61)	VarA (1, 61)	CAR_1/Var	CAR_2/VarA	$BHAR_1$/VarA	$BHAR_2$/VarA
Lev_{q-1}	0.028 (0.056)	0.011 (0.034)	−0.026*** (−0.025)	−0.032*** (−0.032)	−0.028*** (−0.027)	−0.034*** (−0.034)
$BHAR_{q-1}$	0.003 (0.015)	0.003 (0.019)	0.318 (0.64)	0.318 (0.674)	0.318 (0.64)	0.317 (0.674)
截距项	控制	控制	控制	控制	控制	控制
年度	控制	控制	控制	控制	控制	控制
季度	控制	控制	控制	控制	控制	控制
行业	控制	控制	控制	控制	控制	控制
Adj R^2	0.477	0.324	0.337	0.346	0.337	0.346
F 值	1542***	809***	588***	612***	588***	611***
N	79402	79402	54238	54238	54238	54238

6.5.4 关联悖论：基金的股价稳定作用

表6-8给出了股票特质性风险和风险调整后收益的基金关联和分析师评级分布，其中特质性风险以 Var (1, 41) 代表，调整后收益以 $BHAR_2$/Var (1, 41) 代表。可以发现，波动率随着分析师评级的上升（强烈卖出到强烈买入），先下降后上升，在买入级别时股票特质性风险最小，这和表6-5的结果一致。风险调整后收益则一直随着分析师评级的上升而上升。比较关联组和非关联组对应评级间的差异可以发现，关联组的波动率和风险调整后收益要更小一些，表6-9给出了差异是否显著的统计证据①。

---

① 由表6-8可以发现，持有以下（包括持有）评价级别的分析师样本量一般小于8%，所以在前文分析中需要将这三个级别的样本归为一类。

表6-8 股票特质性风险和风险调整后收益的基金关联和分析师评级分布

	基金关联	标准评级	样本量	N	均值	标准差	最小值	25%分位	中位数	75%分位	最大值
Panel A：波动率 [Var (1, 41)]	非关联	强烈卖出	547	291	0.092	0.064	0.015	0.039	0.076	0.126	0.305
		卖出	270	148	0.096	0.064	0.015	0.038	0.074	0.152	0.259
		持有	13 946	7643	0.094	0.067	0.012	0.043	0.074	0.129	0.305
		买入	42 437	23 652	0.086	0.061	0.012	0.042	0.068	0.112	0.305
		强烈买入	22 676	12 647	0.087	0.063	0.012	0.042	0.069	0.112	0.305
	关联	强烈卖出	319	182	0.090	0.050	0.027	0.060	0.070	0.106	0.204
		卖出	179	87	0.133	0.095	0.047	0.093	0.240	0.296	
		持有	8593	4216	0.083	0.063	0.012	0.037	0.066	0.111	0.305
		买入	60 643	31 342	0.080	0.057	0.012	0.039	0.063	0.101	0.305
		强烈买入	48 685	26 079	0.079	0.054	0.012	0.040	0.064	0.100	0.305
Panel B：风险调整后收益 [$BHAR_2$/Var (1, 41)]	非关联	强烈卖出	547	221	−0.039	0.148	−0.525	−0.109	−0.025	0.046	0.321
		卖出	270	113	−0.052	0.140	−0.309	−0.143	−0.018	0.036	0.256
		持有	13 946	5888	−0.020	0.166	−1.346	−0.089	−0.013	0.056	1.325
		买入	42 437	16 403	0.004	0.170	−1.131	−0.086	0.004	0.092	1.260
		强烈买入	22 676	8451	0.024	0.228	−1.049	−0.071	0.011	0.102	3.625
	关联	强烈卖出	319	112	−0.053	0.135	−0.401	−0.146	−0.028	0.027	0.269
		卖出	179	67	−0.054	0.095	−0.264	−0.108	−0.067	0.005	0.272
		持有	8593	2702	−0.040	0.232	−1.466	−0.122	−0.027	0.057	2.069
		买入	60 643	19 419	0.003	0.223	−1.461	−0.106	−0.002	0.106	2.509
		强烈买入	48 685	15 813	0.023	0.237	−1.113	−0.096	0.010	0.134	2.467

图6-1描述了2002~2014年，基金关联组股票和非基金关联组股票的波动率和风险调整后收益。可以看出，基金关联组股票的波动率相对较小，这与表6-3和表6-4结论一致，而风险调整后收益则多数情形下关联组股票的更高，和表6-8结论不一致。

表6-9给出了股票特质性风险和风险调整后收益按基金关联和分析师评级分组后，所进行的组间差值检验。可以看出，在各分析师评级上，关联组的特质性风险都更小，并且无论进行双样本均值差检验还是中位数检验，这个差异在统计上均显著。分析风险调整后收益时，强烈买入和持有评级上的关联组和非关联组并不存在显著差异，而在持有及以下级别中，关联组收益要低于非关联组，结果在统计上显著。

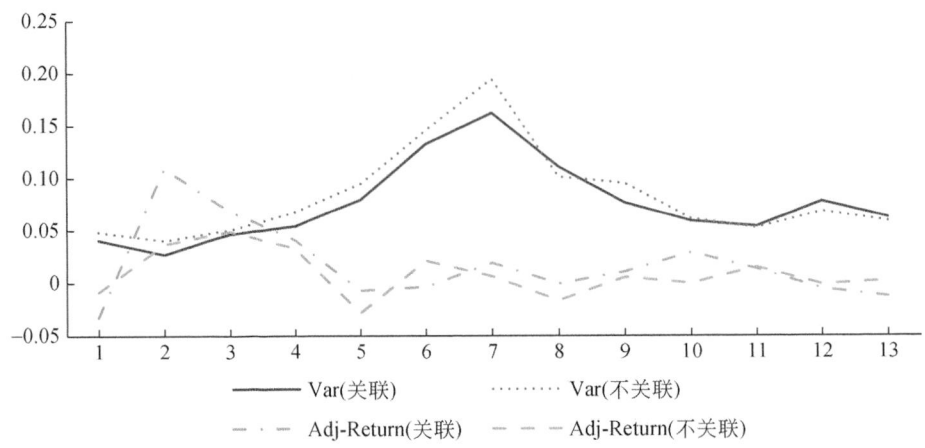

图 6-1 基金管理组股票和非关联组股票波动率和风险调整后收益时序图

总之,在表 6-8、图 6-1 和表 6-9 中可以发现,关联组波动率低于非关联组,而风险调整后收益则提供了混合结果。由于没有控制其他因素,仅凭表 6-8、图 6-1 和表 6-9 无法确认这种差异是何种因素造成的。但是结合前文的多元分析,可知虽然总体上关联组的波动率低于非关联组,但关联组的边际效应是正的。由此可以推知,机构持股对稳定股价起到了关键性作用,甚至比想象要大,即基金有维持股价稳定的动机也造成了股价更稳定的事实。从而,基金的股价稳定效应要大于基金关联分析师乐观偏差的加大股价波动率的效应。至于风险调整后收益效应,哪方面的效应更大,本节的分析还不能给出充分证据。

表 6-9 股票特质性风险和风险调整后收益的均值差异和 Z 检验

			均值差异($t-t$ 检验)	Z 统计量(中位数差异)
Panel A:波动率 [Var (1, 41)]	不关联组-关联组	强烈卖出/卖出/持有	0.01 ***	−6.48 ***
		买入	0.007 ***	9.94 ***
		强烈买入	0.007 ***	4.33 ***
Panel B:风险调整后收益 [$BHAR_2$/Var (1, 41)]	不关联组-关联组	强烈卖出/卖出/持有	0.017 ***	−3.49 ***
		买入	−0.001	1.12
		强烈买入	0.004	−1.00

6.6 结论和政策建议

本章研究了基金关联分析师对股票特质性风险、风险调整后收益的影响,并分析影响产生的机制。在分析师基金关联对股票风险/收益的影响方面，发现分析师的基金关联在产生的同时增加了所跟踪股票的特质性风险和调整后收益；券商佣金压力的增加同时增加了风险调整后收益，这证明了佣金施压假说在我国的成立性。在进一步分析佣金施压假说作用的机制中发现，大额持股的机构投资者更关注股票价值，有强烈的稳定股价、降低股价波动率的动机，不倾向于波动股价获得短期超额收益，也由于其转换成本不倾向于更换券商，施加的佣金压力更低，这个结果为佣金施压假说的大小前提之于结论提供了支撑；分析师的乐观偏差同时增加股票特质性风险和风险调整后收益，这种影响在乐观偏差来自于关联分析师时更为明显，这个结果为佣金施压假说的小前提提供了支撑。综合来看，关联分析师面对佣金压力做出符合机构投资者预期的行为，其在机构投资者持股较多时稳定股价，持股较少时期望股价大幅上升，获得超额收益。因此，本章认为关联分析师的过度乐观和机构投资者稳定股价动机的减弱是导致基金关联和佣金压力增加股票风险和收益的原因。

根据实证结果，本章提出三点政策建议。其一，建议证监会要求在分析师预测报告中增加所要发布的报告是否为基金关联报告的说明。其二，对于关联分析师，需要对机构投资者的相关行为加以控制。可以考虑建立分析师受到降职或者辞退威胁时的申诉制度；一旦确实离职是被胁迫的，需对券商和机构投资者进行相应处罚，并对分析师所受侵害予以赔偿。其三，鼓励机构投资者做长期的价值投资。

第 7 章　分析师文本语调与股价同步性

7.1 引　　言

早期研究表明，我国上市公司的股价同步性远高于成熟的资本市场，位居世界前列（Morck et al.，2000；Jin and Myers，2006）。股价同步性衡量了公司股价波动与市场平均波动间同涨同跌的关联程度（刘海飞等，2017），是衡量资本市场信息效率的关键指标。近年来，中国资本市场信息效率不断提升，但仍未得到显著改善。自 2015 年 8 月到 2019 年 5 月，我国资本市场发生"千股跌停"现象累计达到 20 次，非理性投资者的"羊群效应"普遍存在，企业对于个股特质信息的披露亟待加强，进一步提升市场信息效率迫在眉睫。这就需要作为信息中介的证券分析师引导投资者关注个股特质信息，以降低"同涨同跌""板块联动"等现象的发生频率。

我国证券分析师行业自 2004 年兴起后快速发展，在供给有效特质信息、引导理性投资行为、提升证券市场效率等方面发挥了重要的作用（张宗新和杨万成，2016；Cao et al.，2020）。但是，关于证券分析师能否有效降低股价同步性仍然存在争议。Chan 和 Hameed（2006）认为分析师主要提供了行业信息，而朱红军等（2007）则通过实证研究发现，证券分析师主要提供了企业层面特质信息，使股价同步性下降。Xu 等（2013）从分析师个人特征的角度检验分析师能否提供有效的公司特质信息。同期的，伊志宏等（2015，2018）、周铭山等（2016）、Jiang 等（2018）、吴武清等（2019）进一步探究了分析师性别、明星分析师、基金客户关联和基金股权关联等个人特征对上市公司股价同步性和特质性风险等的影响。

与多数关注分析师个人特征对市场信息效率影响的研究不同，张宗新和杨万成（2016）探究了分析师研究报告中披露的盈余预测值等数字信息作用于市场的"信息模式"。然而，正如 Asquith 等（2005）指出，"股票评级和价格目标只是分析师研究的皮肤和骨骼，而报告的血肉在于分析、细节和语调"，仅从分析师研究报告数字信息的角度展开研究，无法充分反映分析师研究报告的信息挖掘作用与信息解读作用（于李胜等，2019）。Asquith 等（2005）、Twedt 和 Rees（2012）、Huang 等（2014）从分析师报告文本信息的角度，发现文本信息对公司的累计超额收益等指标具有预测作用，有助于投资者更好地理解研究报告的数字信息。伊志宏等（2019）则从分析师报告的特质信息含量角度，证明了分析师在资本市场信息传递过程中发挥着重要作用。

与已有研究不同，本章进一步探究了分析师文本信息的语调对股价同步性的影响和作用机制。首先爬取 2006~2018 年中国 A 股上市公司相关的 377 644 篇分析师报告，从中随机选出 10 434 句文本，并将其人工分为积极、中性、消极三类，形成语料库。随后，以该语料库训练 11 种机器学习方法并比较各方法的预测准确性，最终选择朴素贝叶斯机器学习方法估计分析师研究报告的文本语调。在此基础上，本章探究了分析师文本语调是否会影响股价同步性并进一步基于利益相关者理论和中介效应检验，讨论了分析师文本语调影响股价同步性的三种路径。具体的，本章发现分析师文本语调显著降低了股价同步性，即提高了股票市场信息效率。这一结论与基于美国发达资本市场得出的结论截然相反，本章应用心理学中个体选择性知觉理论，并结合我国仍待完善的做空制度这一背景进行分析与阐释。机制检验发现，分析师积极的文本语调通过激励公司发布更多公告、引导机构投资者买入和吸引其他分析师追踪并发布研究报告这三种路径，有效地改善了资本市场的信息效率。

本章的主要贡献有以下四个方面。

第一，本章通过对比研究，发现朴素贝叶斯机器学习方法对于金融领域的中文文本语调具有更高的预测准确率。基于手工分类的 10 434 句训练语料，对比朴素贝叶斯、决策树、线性 SVC、神经网络等 11 种机器学习方法的预测准确率，本章发现朴素贝叶斯机器学习方法的分类结果相比于其他机器学习方法更加准确。分析师研究报告的文本信息所具有的领域专一性，为朴素贝叶斯机器学习方法发挥其优势提供良好的预测环境。

第二，从分析师研究报告文本语调的崭新视角探究了分析师在中国新兴资本市场中所发挥的信息中介作用，扩展了研究边界。与已有研究重点关注分析师个人特征或研究报告的数字信息不同，本章发现，在控制分析师研究报告数字信息与上市公司特征后，分析师研究报告的文本语调仍然向市场提供了增量信息，表现为股价同步性的显著下降。

第三，本章紧密结合中国特色的资本市场背景，从投资者选择性知觉的心理学视角,首次分析并指出分析师积极的文本语调可以有效降低股价同步性。与已有研究(Asquith et al.,2005;Huang et al.,2014;黄俊和郭照蕊,2014;伊志宏等,2019)认为市场对于消极的信息反应更加剧烈的观点不同,本章研究结果表明,分析师消极的文本语调显著增加了股价同步性,而积极的语调显著降低了该公司的股价同步性。本章结合心理学选择性知觉理论,基于我国有待完善的做空机制这一制度背景,对于上述结论进行解释。

第四,本章根据利益相关者理论并使用中介效应检验方法,从公司内外部利益相关者的角度进一步检验了分析师研究报告文本语调对于股价同步性的三种作用机制,发现了企业的"自我表现"、投资者的"追逐利好"以及分析师的"羊群效应"等现象,并提出针对性建议。

7.2 文献综述

作为资本市场信息中介的代表,分析师通过实地调研、搜集公告、数据分析等方式,就公司业绩等方面提供分析结果、盈余预测及投资建议,最终以研究报告的文本形式呈现。分析师如何通过实地调研、发布研究报告等行为增加有效信息供给、提升市场信息效率是近年来资本市场的热门话题之一。

与本章相关的文献有两类,一类主要讨论了分析师个人特征对股价同步性的影响。这些特征包括是否为首位关注某公司的分析师(Crawford et al.,2012);是否为明星分析师(Xu et al.,2013;伊志宏和江轩宇,2013),以及性别、留学经历、努力程度、谨慎性(伊志宏等,2015);是否为基金股权关联或客户关联分析师等(Jiang et al.,2018;伊志宏等,2018;吴武清等,2019)。其中,Crawford 等(2012)发现,首位关注某企业的分析师提供了更多行业与市场层面的信息,使股价同步性上升,而其后关注该企业的分析师则更加有效地降低了企业股价同步性。在 Chan 和 Hameed(2006)研究的基础上,Xu 等(2013)较早地从分析师个人特征差异的视角出发,指出明星分析师的信息活动可以有效降低股价同步性,并且其盈余预测值更加准确。伊志宏等(2015)以被明星分析师关注的 A 股上市公司为样本,首次从分析师性别的角度探讨分析师对于资本市场信息效率的影响,并从留学经历、谨慎程度、努力程度等方面进一步检验其影响路径和内在机理。Jiang 等(2018)、伊志宏等(2018)分别探究了基金客户关联和基金股权关联的分析师是否损害股票市场的信息效率,其研究结果表明,基金客户关联与基金股权关联并未减弱股价的信息含量,基金关联的分析师有更强的动力挖掘公司特质信息。吴武清等（2019）则实证了佣金施压假说的成立，并发现关联分析师的乐观偏差和大额持股机构投资者稳定股价的动机是佣金施压假说成立的直接原因。多数研究从分析师的个人特质这一独特视角探究分析师的信息中介作用，但是鲜有学者探究分析师的智慧成果——研究报告的文本信息在减少市场信息不对称性、降低股价同步性的过程中发挥的作用（伊志宏等，2019）。

另一类相关文献则关注了分析师研究报告与股价市场反应的关系。分析师研究报告的信息主要由数字信息和文本信息构成。数字信息包括每股收益预测值、目标股价、市盈率、股票评级等，而文本信息则包含事件或市场评价、行业现状与公司经营活动、公司财务状况以及风险提示等内容。国内部分研究（许年行等，2012；张宗新和杨万成，2016）重点关注了分析师研究报告的数字信息造成的股价崩盘风险、超额收益等市场反应。许年行等（2012）利用分析师研究报告中"每股收益的预测值"与实际盈利水平等指标计算"分析师乐观偏差"，实证研究发现分析师乐观偏差与上市公司未来股价崩盘风险之间显著正相关。张宗新和杨万成（2016）量化研究报告的基本面数字信息，构建"财务信息挖掘量指标"，提出了分析师通过研究报告的"信息模式"影响市场的路径和机制。总之，已有研究对于分析师报告的研究大多集中在其数字信息上，即仅关注盈余预测值、目标股价等量化指标，忽视了研究报告的文本信息所发挥的重要的作用，未能全面展现分析师的信息中介作用及其作用机制（Huang et al.，2014）。

近年来，分析师研究报告文本信息与股价市场反应的相关研究逐渐成为新兴的研究话题，Asquith 等（2005）、Twedt 和 Rees（2012）、Huang 等（2014）构造指标衡量分析师研究报告文本语调，并以此预测或解释超额累计收益，为本章的研究提供了独特的视角。Asquith 等（2005）通过对分析师报告中主题元素进行手工分类，计算带有积极评论的元素数量与消极评论的元素数量之差以构造新的变量"论点强度"（Strength-of-arguments），发现分析师报告文本语调显著影响报告日前后 5 日的超额收益率（Five-day abnormal returns surrounding the report date）。然而，由于样本量较小及样本选择偏差等问题，其研究结论的普适性尚存争议（Huang et al.，2014）。在此基础上，Twedt 和 Rees（2012）从分析师研究报告的细节和语调两个质量属性的角度开展研究，发现分析师的文字语调可以释放分析师对于该公司的潜在认知，且包含对于盈余预测和荐股的增量信息。但该研究的分析师研究报告样本均为 2006 年承销行首次研究报告，且均偏向于积极语调，故其结论外部有效性较低（Huang et al.，2014）。

Huang 等（2014）以美国 1996～2008 年期间的 363 952 份分析师报告为样

本，使用朴素贝叶斯机器学习方法对分析师研究报告的文本信息进行分类，发现文本信息相较于盈余预测、目标价格等数字信息，蕴含着更多对于企业预期盈余信息的分析，且有助于投资者更准确地理解数字信息，但是并未关注分析师文本信息对于股价同步性的影响及其作用机制。伊志宏等（2019）以9680个企业年度观测值为样本，使用情感词典方法计算分析师研究报告负面信息含量，检验了负面信息在特质信息作用于股价同步性过程中的调节作用。与Huang等（2014）的观点一致，伊志宏等（2019）认为市场对于负面信息的反应更加剧烈，但其结果的显著性有待检验，且并未关注影响路径与作用机制。

7.3 理论分析与研究假设

本章从分析师研究报告的文本信息角度对分析师发挥的信息中介功能展开探讨，为分析师是否有效降低股价同步性的争论提供新的证据（于李胜等，2019；He and Tian，2013）。作为数字信息的有效补充，个股研报的文本信息更加全面细致地反映了企业特质信息。分析师在其报告中对于企业基本面的分析，尤其是对于企业治理水平的评估、战略发展前景的展望、投资有效性的判断，具有很多难以量化的企业特质信息（Huang et al.，2014）。这些企业层面的特质信息以文字的形式被利益相关者获取并最终反映在个股股价中，但对于同行业其他企业的股价则影响较小，因此可以有效降低个股的股价同步性。

与特质信息含量不同，分析师研究报告的文本语调则是明确了分析师对于企业积极、中性、消极的判断和预期，发挥了更外生的信号传递作用。然而，投资者对于分析师文本信息语调做出的反应仍然有待探讨。一方面，Huang等（2014）以美国标普500企业为研究对象，发现投资者对于分析师带有消极语调的研究报告反应更加剧烈，分析师的信息中介作用在消极信息的传递过程中更强，这与以往多数研究结论一致（Asquith et al.，2005；Ivkovici and Jegadeesh，2004）。与之相似的，黄俊和郭照蕊（2014）发现媒体报道数量对上市公司股价同步性具有减弱效应，且新闻媒体的负面报道显著降低了公司股价同步性，分析师在传播负面信息的过程中扮演了更加重要的角色。伊志宏等（2019）基于Huang等（2014）的研究，同样认为分析师研究报告的负面信息更加具有影响力。

但是，另一方面，中国资本市场与美国资本市场在资本规模、投资者组成、政策规定等方面存在较大差异，分析师消极文本语调的作用在中国是否同样适用值得探究。特别地，中国市场做空机制起步较晚且仍待完善（陆瑶等，2018；孟庆斌和黄清华，2018），褚剑等（2019）通过统计2010～2016年融资融券的实际交易数据，发现融资融券交易存在明显的非对称性，融券交易余额仅占两融交易余额的1%左右。我国市场对于消极文本语调的反应很可能与发达资本市场不同，投资者没有强烈的动机关注分析师给予消极描述的公司，而分析师积极的文本语调对于投资者而言则更具投资价值。

心理学理论中，选择性知觉是主要的个体知觉偏见之一，主要是指人、物、事等的突出特点会提高个体对其知觉的可能性。在同时作用于分析师研究报告阅读者的众多文本信息中，刺激作用强烈而突出的内容会使投资者迅速而清晰地感知到此类信息。因此，投资者在阅读分析师研究报告时，并非随机接受零散的信息（李志生等，2017），而是根据自身兴趣、需求、动机、经验等进行主动选择和深度挖掘（黄维德等，2005），对积极或消极的信息进行细节的采集和确认（谢德仁和林乐，2015）。

在做空机制不完善的背景下，分析师研究报告中消极的文本信息并不能很好地满足投资者的利益需求。相反，积极的文本信息则符合投资者的预期和诉求：对于潜在投资者，积极的文本语调使该公司成为潜在投资选择；对于已关注并预期买入该公司股票的投资者，积极的文本语调使其被认同与肯定，最终促成投资行为；对于持仓的投资者，过去的投资经验使其产生一定的期望，并影响当前的知觉（黄维德等，2005），分析师积极的文本语调印证和加强了这类投资者的观点和信心，还会使投资者有动机将该研究报告发布至投资者论坛，或是利用自己的社会关系网络进行传播，从而使得更多的投资者关注该公司并获取特质信息。

无论对于上述何种投资者，积极的语调使得分析师研究报告更加契合于投资者未满足的需求和动机：选择性知觉使投资者较多地关注符合自身诉求的积极文本信息，而不会将注意力放在不符合自身需求的消极文本信息上。因此，在中国做空机制欠发达的资本市场中，存在另外一种可能，即语调积极的分析师研究报告包含更多具有投资价值的公司特质信息，可以降低股价同步性。与之相反，文本语调消极的分析师研究报告会降低公司的投资价值，进而导致市场投资者获取的公司特质信息含量下降，股价同步性上升。

基于上述分析，本章提出竞争性假设。

假设7.1a：分析师报告的文本语调与股价同步性存在正相关关系。

假设7.1b：分析师报告的文本语调与股价同步性存在负相关关系。

7.4 研究设计

7.4.1 数据来源

本章通过设计 Python 爬虫程序，收集了超过 100 万份来自腾讯网财经频道[①]的中国 2006~2018 年的卖方研究报告作为研究样本，剔除了无法对应上市公司或可以同时与多家上市公司对应的宏观和行业研究报告，最后剩余的 377 644 份为上市公司研究报告。上市公司公告数据通过巨潮资讯网获得，其他研究变量来源于 CSMAR 数据库。为避免极端值的影响，对所有连续变量均在 1% 水平上进行缩尾处理。

7.4.2 关键指标构建

7.4.2.1 分析师报告文本语调与语调识别评价

首先，根据 Huang 等（2014）的研究，本章从分析师研究报告中随机选取了 10 434 条语句，并将其人工分为积极信息、中性信息和消极信息。然后，使用 11 种不同的机器学习方法对上述带有标记的语句进行训练与测试。准确性分析与对比如表 7-1 所示，在相同标准差下，朴素贝叶斯机器学习方法相较于其他 9 种模型（除集合方法外）拥有更高的准确性和稳健性[②]。相比于传统字典的方法，这种分类方法发掘了公告文本领域内词汇和语义之间的关系，以及特征词汇落入某一类别的概率，进而提高了分类准确性。Huang 等（2014）基于英文金融文本的检验发现，字典法的准确率约为 60%，而朴素贝叶斯机器学习方法的准确率达 80% 左右。由于语义识别是高度"领域专一性"的，一些词汇和相应的条件概率只在某个特定的领域内适用，因此朴素贝叶斯机器学习方法的特性与本

[①] 分析师研究报告会在 Wind 资讯等应用软件以及东方财富网等财经类网站中传播，对于投资者的决策具有重要的影响。根据 Wind 资讯，截至 2018 年 10 月，通过 Wind 终端，当年共有 476 101 个买方用户查阅共计 97 617 篇报告，阅读次数达 11 945 334 次，其中买方用户关注度最高的报告主题是个股报告。

[②] 在实践中，其他 9 种机器学习方法的训练复杂度更高，需要更长的训练时间并占用更大的运算空间。

章研究中的文本特征高度契合。

表 7-1 机器学习方法准确率对比

序号	模型	准确率/%	标准差
1	朴素贝叶斯	78.16	+/−0.01
2	线性 SVC	77.10	+/−0.01
3	Logistic 回归	76.44	+/−0.01
4	随机森林	75.24	+/−0.01
5	随机梯度下降	76.44	+/−0.01
6	决策树	70.50	+/−0.01
7	神经网络 1	76.81	+/−0.01
8	神经网络 2	77.39	+/−0.01
9	神经网络 3	77.60	+/−0.01
10	神经网络 4	76.92	+/−0.01
11	集合方法	78.10	+/−0.01

注：表中的准确率采用交叉验证法计算得到，即使用 9/10 的手动标记数据作为训练样本，其余 1/10 数据作为测试样本来报告分类准确性。最终的准确度报告为 10 次重复过程的平均值。

神经网络 1 是具有 256 个神经元的单层神经网络分类器；神经网络 2 是分别具有 256 个和 128 个神经元的双层神经网络分类器；神经网络 3 是一个三层神经网络分类器，分别具有 256 个、128 个和 64 个神经元；神经网络 4 是分别具有 256 个、128 个、64 个和 32 个神经元的四层神经网络分类器。

集合方法是一种硬投票分类器，它将分类器 1~9 组合在一起。集合方法的概念是"人群的智慧"，本章将许多分类器的结果模式作为集合分类器的结果。本章采用前 9 个分类而不是 10 个，是故意将数字设为奇数，以避免均等投票情景出现。

最后，本章使用朴素贝叶斯机器学习方法分类得到每篇文本语料的积极语句数量（N_POS），中性语句数量（N_NEU）和消极语句数量（N_NEG），并汇总得到分析师研究报告文本语句总数（LENGTH）。根据 Huang 等（2014）的方法，通过式（7-1）衡量一篇研究报告的文本语调：

$$OPN = \frac{N\_POS - N\_NEG}{LENGTH} = POS\_PCT - NEG\_PCT \tag{7-1}$$

值得注意的是，由于前文假设语料普遍存在更多积极信息，N_POS 与 N_NEG 之差为正值，通过式（7-1）不难观察到，当正向和负向语句数量一定时，随着中性语句数量增加，该文本语料的净语调（OPN）随之下降。

7.4.2.2 股价同步性

本章参照 Piotroski 和 Roulstone（2004）、Xu 等（2013）的方法，采用如下方

法计算公司股价同步性（SYNCH）。首先，对于每一季度，以股票 i 的日收益率数据进行如下回归：

$$R_{i,d,q}=\beta_0+\beta_1 R_{M,d,q}+\beta_2 R_{M,d-1,q}+\beta_3 R_{I,d,q}+\beta_4 R_{I,d-1,q}+\varepsilon \tag{7-2}$$

式中，$R_{i,d,q}$ 表示股票 i 第 q 季度第 d 日考虑现金红利再投资的收益率；$R_{M,d,q}$ 表示 A 股所有股票第 q 季度第 d 日经流通市值加权的平均收益率；$R_{I,d,q}$ 表示股票 i 第 q 季度第 d 日对应行业 I 的资产组合（不包含公司 i）经流通市值加权的平均收益率。

然后，由式（7-2）回归结果得到每个"公司–季度"的决定系数 $R_{i,q}^2$，即市场和行业因素对个股收益的解释程度。由于 $R_{i,q}^2$ 的取值范围在 0～1，为保证变量的正态性，根据 Morck 等（2000）的研究对其进行对数化处理，如式（7-3）所示。

$$SYNCH_{i,q}=\ln\left[\frac{R_{i,q}^2}{1-R_{i,q}^2}\right] \tag{7-3}$$

式中，$SYNCH_{i,q}$ 表示公司 i 第 q 季度的股价同步性。股价同步性的信息效率观认为，SYNCH 越低，资本市场信息效率越高，即股价中包含更多的公司特质信息而非市场与行业信息。

7.4.2.3 实证模型

本章采用式（7-4）检验分析师研究报告语调对于股价同步性的影响，探究分析师文本语调的乐观程度能否有效提高资本市场信息效率：

$$\begin{aligned}FSYNCH（SYNCH）=&\beta_0+\beta_1 OPN+\beta_2 FEPS+\beta_3 Rank+\beta_4 Car+\beta_5 Lev+\beta_6 MB+\\&\beta_7 SIZE+\beta_8 Tangibility+\beta_9 ROA+\sum Year+\sum Ind+\varepsilon\end{aligned} \tag{7-4}$$

式中，FSYNCH（SYNCH）表示下一季度（当季）股价同步性；OPN 表示分析师研究报告文本语调。若回归结果显示 β_1 显著大于 0，则认为分析师文本语调与所关注公司的股价同步性正相关，支持假设 7.1a；若回归结果显示 β_1 显著小于 0，则认为分析师文本语调与所关注公司的股价同步性负相关，支持假设 7.1b。根据式（7-1）定义，稳健性检验中，分析师文本语调积极程度（POS_PCT）回归系数的正负性及其对应结论应当与分析师文本净语调（OPN）一致，而文本语调消极程度（NEG_PCT）回归系数的判定则与之相反。

根据以往文献（Huang et al.，2014），在式（7-4）中控制如下变量：分析师预期每股收益（FEPS）、分析师预测综合评级（Rank）、股票累计超额收益率（Car）、财务杠杆（Lev）、市账比（MB）、公司规模（SIZE）、有形资产比率

（Tangibility）、总资产收益率（ROA）。此外，本章还控制了年份（Year）与行业固定效应（Ind），且标准误在公司和分析师水平上聚类调整。变量定义详见表 7-2。

表 7-2 变量定义

变量类型	变量名称	变量代码	变量含义及说明
因变量	股价同步性	SYNCH	市场和行业因素对个股收益的解释程度，模型（7-2）的决定系数经对数化处理；FSYNCH 表示下一季度的股价同步性
核心变量	分析师文本语调	OPN	文本语调积极程度（POS_PCT）－文本语调消极程度（NEG_PCT）
	文本语调积极程度	POS_PCT	积极语句数量（N_POS）/文本语句总量（LENGTH）
	文本语调消极程度	NEG_PCT	消极语句数量（N_POS）/文本语句总量（LENGTH）
中介变量	公司公告数	Notice	当季该公司发布的公告数量；FNotice 表示下一季的公司公告数量
	机构投资者交易量	Fund	研究报告公布后最近一期机构投资者对于该公司的股票买入量
	分析师报告数	Report	研究报告公布后 60 天内追踪该公司的分析师发布的研究报告数
控制变量	分析师预期每股收益	FEPS	分析师研报中对所关注公司的每股收益预测值/研报发布日 50 天前的该公司股价
	分析师预测综合评级	Rank	研究报告公布后两个交易日中该文字报告的分析预测综合评级，更高的数值代表更加正向的推荐程度（其中 1~3 分别代表卖出和减持、中性、增持和买入）
	股票累计超额收益率	Car	研究报告公布前五个交易日的累计超额收益率
	实际每股收益	EPS	实际每股收益
	财务杠杆	Lev	资产负债率，负债总额/资产总额
	成长性	MB	市值与账面价值之比
	公司规模	SIZE	总资产取自然对数
	有形资产比率	Tangibility	固定资产与总资产之比
	总资产收益率	ROA	净利润与总资产之比

续表

变量类型	变量名称	变量代码	变量含义及说明
控制变量	年份固定效应	$\sum Year$	年度虚拟变量，2006~2017年
	行业固定效应	$\sum Ind$	行业虚拟变量，基于《上市公司行业分类指引》（2012年修订）生成

7.4.3 变量所属期的选择

本章以 377 644 份分析师研究报告作为样本，以每一份分析师研究报告的发布日期匹配所属季度，得到对应所关注公司当季（90 天）的股价同步性，即每一份分析师研究报告的文本语调，与研究报告的发布日期所在季度的股价同步性匹配。由于股价同步性（SYNCH）在计算时使用整个季度的收益率指标，因此在季初至季中发布的研究报告可以影响当季股价同步性，但在季末发布的研究报告对于当季的股价同步性影响较小，对于下一季度的股价同步性影响较大。为尽可能缓解内生性问题，本章在主检验中使用分析师追踪公司的下一季度股价同步性（FSYNCH）与分析师研究报告文本语调（OPN）进行匹配，在稳健性检验中则使用当季股价同步性（SYNCH）进行匹配，以增强本章研究结论的说服力。

7.5 实证结果与分析

7.5.1 描述性统计

表 7-3 是对表 7-2 中变量的描述性统计。2006~2018 年，中国 A 股上市公司季度股价同步性（SYNCH）的平均值为 –0.0208，标准差为 0.9499，与伊志宏等（2018）使用 2003~2014 年季度数据计算的结果相近。由于分析师有较强的动机得到更多证券承销机会、增加证券交易过程佣金收入（吴武清等，2019）、与管理层保持良好联系，因此研究报告中文本信息具有积极偏向性。分析师研究报告的文本语调（OPN）平均值高达 0.7016，即平均而言每篇分析师研究报告中积极语句的数量占总句数的比例为 70.16%，分析师普遍给予上市公司积极的评价。值得注意的是，分析师文本语调（OPN）与文本语调积极程度（POS_PCT）的最大值均为 1，文本消极程度（NEG_PCT）的最小值为 0，表明存在通篇为积极

语调的研究报告。

表 7-3 描述性统计

变量	N	Mean	SD	min	P25	Median	P75	max
SYNCH	368 972	−0.020 8	0.949 9	−2.480 2	−0.630 8	−0.017 9	0.594 3	2.129 7
OPN	368 972	0.701 6	0.242 2	0.000 0	0.571 4	0.750 0	0.875 0	1.000 0
POS_PCT	368 972	0.825 2	0.143 8	0.384 6	0.750 0	0.850 0	0.928 6	1.000 0
NEG_PCT	368 972	0.123 5	0.117 4	0.000 0	0.040 0	0.100 0	0.181 8	0.500 0
Notice	361 999	27.323 8	18.799 1	2.000 0	14.000 0	23.000 0	37.000 0	88.000 0
Fund	349 741	−0.160 2	2.271 2	−7.410 0	−0.914 0	0.000 0	0.468 0	7.256 0
Report	330 563	7.660 6	7.015 3	1.000 0	3.000 0	6.000 0	10.000 0	33.000 0
FEPS	355 517	0.046 1	0.031 7	0.003 2	0.025 8	0.037 9	0.056 5	0.176 1
Rank	368 972	2.940 4	0.242 6	2.000 0	3.000 0	3.000 0	3.000 0	3.000 0
Car	352 031	0.013 7	0.062 9	−0.128 9	−0.022 3	0.007 6	0.043 9	0.203 5
EPS	351 146	0.685 2	0.601 1	−0.354 0	0.300 0	0.540 0	0.910 0	3.210 0
Lev	346 360	0.452 4	0.221 5	0.049 0	0.276 1	0.446 9	0.615 2	0.947 5
MB	342 754	3.048 3	2.524 8	0.256 6	1.308 4	2.302 7	3.915 9	13.655 4
SIZE	362 782	22.732 6	1.418 4	19.866 0	21.756 3	22.646 2	23.582 6	26.464 7
Tangibility	346 360	0.212 6	0.173 5	0.002 3	0.077 0	0.171 2	0.309 0	0.716 3
ROA	339 070	0.082 5	0.061 4	−0.045 6	0.040 1	0.072 2	0.112 6	0.306 4

7.5.2 回归结果与分析

表7-4中（1）~（3）列分别列示了下一季度公司股价同步性（FSYNCH）与分析师当季研究报告文本语调（OPN）、文本语调积极程度（POS_PCT）、文本语调消极程度（NEG_PCT）的回归结果。结果显示，公司股价同步性（FSYNCH）与分析师研究报告文本语调（OPN）对应的回归系数为−0.061 5，且在1%的水平上显著，表明分析师文本语调（OPN）显著降低了研究报告发布后下一季度该公司的股价同步性，即对于资本市场信息效率具有显著的促进作用，证明了本章的假设7.1b。

与文本语调（OPN）回归结果相近，文本语调积极程度（POS_PCT）的回归系数为−0.074 6，t 值为−6.72，在1%的水平上显著，表明我国资本市场中的投资者对于分析师研究报告中带有积极语调的内容反应更加剧烈，这与已有多数研究（Huang et al., 2014；伊志宏等，2019）的结论不同。值得注意的是，文本语调消极程度（NEG_PCT）的回归系数显著为正，分析师研究报告消极语调显著增强了公司股价同步性，降低了资本市场信息效率。本章认为，Huang 等（2014）基于美国发达资本市场得出的结论，即投资者对于消极信息反应更加剧烈，并不适用于中国特色的资本市场环境。中国证券市场的做空机制仍不完善，融券业务有待发展，消极信息对于投资者等利益相关者的价值较小，而语调积极的分析师研究报告对于投资者更具影响力。因此，做空机制的缺失可能导致市场对于分析师消极语调反应并不强烈，主动挖掘公司特质信息的信息使用者越来越少，最终导致股价同步性上升。

表 7-4 主检验回归结果

	FSYNCH		
	（1）	（2）	（3）
OPN	-0.0615 *** (-9.44)		
POS_PCT		-0.0746 *** (-6.72)	
NEG_PCT			0.1545 *** (11.51)
FEPS	2.2328 *** (25.09)	2.2419 *** (25.19)	2.2209 *** (24.95)
Rank	-0.0609 *** (-8.40)	-0.0634 *** (-8.74)	-0.0592 *** (-8.17)
Car	-0.1912 *** (-8.35)	-0.1973 *** (-8.62)	-0.1856 *** (-8.10)
EPS	-0.0580 *** (-12.00)	-0.0580 *** (-11.99)	-0.0582 *** (-12.05)
Lev	-0.1452 *** (-9.65)	-0.1444 *** (-9.60)	-0.1455 *** (-9.67)
MB	-0.0183 *** (-16.22)	-0.0185 *** (-16.36)	-0.0182 *** (-16.12)
SIZE	0.0306 *** (13.91)	0.0306 *** (13.93)	0.0306 *** (13.95)

续表

	FSYNCH		
	(1)	(2)	(3)
Tangibility	0.1899***	0.1918***	0.1883***
	(11.41)	(11.52)	(11.32)
ROA	−0.4351***	−0.4345***	−0.4361***
	(−7.71)	(−7.70)	(−7.73)
_cons	−0.3641***	−0.3473***	−0.4147***
	(−7.17)	(−6.80)	(−8.18)
Year	控制	控制	控制
Ind	控制	控制	控制
R^2	0.3760	0.3759	0.3761
F 值	1833.03***	1833.06***	1833.87***
N	314 565	314 565	314 565

注：括号中是 t 值，* 表示 $p<0.1$，** 表示 $p<0.05$，*** 表示 $p<0.01$

7.5.3 稳健性检验

7.5.3.1 构建季度层面的加权平均分析师文本语调

本章主检验是对每一篇分析师报告分别与当季或下一季的股价同步性进行回归分析，而在这一部分，本章构建"年度-季度-企业"数据单元的加权平均分析师文本语调作为自变量，即以季度分析师文本语调与季度股价同步性进行回归作为稳健性检验。分别根据是否为明星分析师，或者季度内不同的月份赋予观测不同的权重，从而构建了两种分析师文本语调的加权平均值，然后分别进行了测试，回归结果依然稳健。

表 7-5 中（1）~（3）列报告了根据"是否为明星分析师"进行加权的结果。其中，若观测对应的分析师为明星分析师，则赋予权重 1.5[①]，其余观测的权重为 1。回归结果具有稳健性。（4）~（6）列则是根据季度内月份的不同而赋权构建了核心解释变量，并展示了回归结果。其中，若为该季度最后一个月则赋予权

---

① 本章还测试了 1.25, 1.75 等不同权重，得到的结论一致。

重 1.25，若为该季度第二个月则赋予权重 1，若为该季度第一个月则赋予权重 0.75。回归结果显示，分析师文本语调（OPN）的回归系数在 1% 的水平上显著为负，表明分析师文本语调（OPN）可以有效降低公司下一季度的股价同步性（FSYNCH），结论具有稳健性。

表 7-5 基于"年度–季度–企业"数据单元构建分析师文本语调进行稳健性测试

	是否明星分析师赋权			季度内不同月份赋权		
	FSYNCH			FSYNCH		
	(1)	(2)	(3)	(4)	(5)	(6)
OPN	-0.1074***			-0.1061***		
	(-5.11)			(-4.99)		
POS_PCT		-0.0882***			-0.0727***	
		(-3.58)			(-2.90)	
NEG_PCT			0.1815***			0.1380***
			(6.20)			(4.62)
FEPS	2.2253***	2.2327***	2.2251***	2.2085***	2.2102***	2.1983***
	(12.89)	(12.94)	(12.89)	(12.57)	(12.59)	(12.51)
Rank	-0.0771***	-0.0863***	-0.0795***	-0.0772***	-0.0868***	-0.0818***
	(-5.28)	(-6.00)	(-5.49)	(-5.28)	(-6.03)	(-5.65)
Car	-0.4798***	-0.4993***	-0.4828***	-0.4648***	-0.4856***	-0.4737***
	(-6.75)	(-7.05)	(-6.81)	(-6.56)	(-6.87)	(-6.70)
EPS	-0.0582***	-0.0581***	-0.0585***	-0.0590***	-0.0590***	-0.0593***
	(-5.99)	(-5.98)	(-6.02)	(-5.99)	(-5.99)	(-6.02)
Lev	-0.2123***	-0.2107***	-0.2122***	-0.2102***	-0.2079***	-0.2086***
	(-8.83)	(-8.77)	(-8.83)	(-8.73)	(-8.63)	(-8.66)
MB	-0.0257***	-0.0261***	-0.0256***	-0.0265***	-0.0269***	-0.0265***
	(-13.33)	(-13.55)	(-13.31)	(-13.81)	(-14.04)	(-13.85)
SIZE	0.0504***	0.0508***	0.0508***	0.0504***	0.0509***	0.0508***
	(12.68)	(12.79)	(12.79)	(12.73)	(12.85)	(12.84)
Tangibility	0.1958***	0.2012***	0.1961***	0.1992***	0.2055***	0.2024***
	(7.09)	(7.29)	(7.11)	(7.20)	(7.43)	(7.32)
ROA	-0.2349**	-0.2394**	-0.2429**	-0.2198**	-0.2219**	-0.2221**
	(-2.38)	(-2.42)	(-2.46)	(-2.22)	(-2.24)	(-2.24)

续表

	是否明星分析师赋权			季度内不同月份赋权		
	FSYNCH			FSYNCH		
	(1)	(2)	(3)	(4)	(5)	(6)
_cons	-0.5892***	-0.5815***	-0.6646***	-0.5866***	-0.5876***	-0.6541***
	(-6.41)	(-6.28)	(-7.24)	(-6.39)	(-6.35)	(-7.14)
Year	控制	控制	控制	控制	控制	控制
Ind	控制	控制	控制	控制	控制	控制
R^2	0.3042	0.3040	0.3043	0.3036	0.3034	0.3035
F	455.25***	455.71***	455.65***	452.67***	453.50***	453.42***
N	52912	52912	52912	52937	52937	52937

注：括号中是 t 值，* 表示 $p<0.1$，** 表示 $p<0.05$，*** 表示 $p<0.01$；标准误在公司和分析师水平上聚类调整

7.5.3.2 其他稳健性检验①

除上述稳健性测试外，本章还进行了其他常见的稳健性检验。

首先，参考揭晓小（2015a，b）的方法，本章将当季股价同步性（SYNCH）作为控制变量加入式（7-4），此时扰动项不包含当季股价同步性SYNCH，从而与下一季度股价同步性（FSYNCH）不再相关，缓解了模型内生性。未列示的回归结果显示本章结论仍然成立。

其次，由于在当季季初至季中发布的分析师研究报告可能对于当季的股价同步性产生较大的影响，因此本章也检验了分析师文本语调（OPN）对于发布日期所属季度的公司股价同步性的影响。未列示的回归结果显示，在控制上季股价同步性（LSYNCH）的情况下，分析师文本语调（OPN）对于当季公司股价同步性（SYNCH）仍具有显著的抑制作用。

最后，本章参考曾庆生等（2018）以及Xu等（2014）的研究成果，使用相同行业相同年度或相同省份相同年度的分析师文本语调的平均值作为工具变量，进行两阶段最小二乘法（two stage least square，2SLS）回归，回归结果显示本章研究结论具有稳健性。

---

① 限于篇幅本章略去了这些检验的回归结果，如需要请联系作者获取。

7.6 进一步研究

主检验的回归结果表明，分析师研究报告的语调与所关注企业的股价同步性显著负相关，即随着分析师语调乐观程度的增加，企业股价中会包含更多的特质信息，而消极的文本语调则会使股价的信息含量下降。在进一步研究中，本章尝试探究分析师文本语调对于股价同步性的影响路径与作用机制，并使用温忠麟和叶宝娟（2014）提出的中介效应检验程序进行实证分析。根据利益相关者理论，公司的利益相关者既包括公司的股东、债权人、管理层、员工等与公司利益密切相关的群体，也包括政府监管部门、本地居民、媒体、证券分析师以及潜在投资者等受企业经营活动直接或间接影响的外部群体，这些企业的利益相关者密切关注着企业的动态信息，并对企业利好或利空的消息做出反应。

本章重点关注受分析师研究报告影响较大的公司管理层、机构投资者以及证券分析师这三类利益相关者的行为，并探究其在分析师语调作用于该企业股价同步性的过程中发挥的中介作用。基于中介效应的实证结果表明，分析师文本语调通过以下三种方式降低所关注企业的股价同步性：①激励该企业发布更多的公告；②引导机构投资者增加对该企业股票的交易量；③吸引其他分析师关注该公司并发布研究报告。

7.6.1 理论分析与假设

7.6.1.1 激励公司增加公告披露次数

本章认为，分析师研究报告的积极语调，对于企业管理层具有激励作用。企业管理层往往通过发布企业公告向利益相关者释放企业信息，且这一过程具有一定的自愿性。根据社会学习理论与激励理论，企业管理层在阅读本企业分析师研究报告后，识别出分析师的积极语调，产生增加披露公司信息的动机。温日光和汪剑锋（2018）的研究则发现，分析师预测的每股盈余越高，管理层的向上盈余管理程度越高，表明上市企业管理层有动机达到分析师的预期（温日光和汪剑锋，2018；钟宇翔和李婉丽，2019）。与分析师较高的盈余预测作用类似，分析师研究报告积极的文本语调对于企业则有鼓励与引导作用，企业有强烈的动机发布更多具有投资价值和特质信息的公告，以期得到市场进一步的认可。

此外，根据信息不对称理论，当市场上关于企业语调过度乐观时，管理层出于股价波动性风险、法律风险和负面情绪风险等因素的考虑，则有可能向市场释放更多公司特质信息，以减少市场中的信息不对称，调节投资者对公司的预期（Healy and Palepu，2001；Xu and Zhang，2013）。因此，企业会主动增加信息披露次数，降低了投资者主动搜集企业信息的成本，有利于股票价格对于企业特质信息的吸收（何贤杰等，2018），使公司股价的同步性下降。基于上述分析，提出本章第二个假设。

假设7.2：分析师研究报告的文本语调通过激励所关注的公司发布更多公告，降低公司股价同步性。

7.6.1.2 引导机构投资者增加公司股票交易量

本节讨论投资者接收分析师积极信号后，在降低股价同步性过程中发挥的作用。由于个人投资者相关数据难以获取，本章重点关注机构投资者的投资行为。已有研究发现，机构投资者倾向于利用所了解并认可的公司特质信息进行交易，因此其持股比例与股价同步性显著负相关（Piotroski and Roulstone，2004；侯宇和叶冬艳，2008）。分析师研究报告的文本信息均在一定程度上满足了机构投资者对于信息的需求，有助于其根据已有信息做出理性的投资决策。基于共同信息，如上市公司盈利公告，或者是本章重点关注的分析师研究报告，机构投资者的"伪羊群行为"使这些共同信息更好地融入股价中，降低股价同步性（许年行等，2013）。

分析师研究报告文本信息中包含的积极或消极的语调对于机构投资者产生怎样的影响应当结合我国具体的市场环境进行分析。中国新兴资本市场的法律环境相对较差，产权保护力度较弱，投资者获取信息的难度较大，搜寻公司特质信息所获得的超额收益不足以弥补信息搜寻成本，企业特质信息"供不应求"（伊志宏等，2015）。当分析师研究报告中的荐股评级为"强烈买入"或"买入"时，机构投资者有更强烈的意愿买入该股票（孔东民等，2013a，b），分析师积极的文本语调也更有可能吸引机构投资者。由于我国资本市场的融券交易余额极低，做空机制仍有待完善（孟庆斌和黄清华，2018；陆瑶等，2018；褚剑等，2019），因此相比于分析师报告中的消极语调，本章认为分析师的积极语调对于机构投资者而言具有更高的投资价值。投资者在捕捉这一积极信号后，有强烈的动机关注并买入该企业股票，使得股价同步性显著下降。基于此，提出本章第三个假设。

假设7.3：分析师研究报告的文本语调通过引导机构投资者增加企业股票交易量，降低公司股价同步性。

7.6.1.3 吸引其他分析师关注并发布研究报告

分析师研究报告的积极语调不仅会对所关注的企业、市场中的投资者产生积极影响,还会对同行分析师的追踪选择产生影响。而随着追踪某一公司的分析师人数增加,该企业的股价同步性显著下降(何贤杰等,2018)。现有研究表明分析师通常会对正面信息过度反应,却对负面信息反应不足,存在系统的乐观倾向(Easterwood and Nutt,1999)。Huang 等(2014)认为,分析师文本信息的特点,如研究主题、写作风格以及奇特性等具有信号特征的信息,不仅对投资者具有重要意义,还对其他分析师产生引导作用。随着关注某一企业的分析师人数不断增加,发布更多的关于该企业的研究报告,该公司的特质信息逐步被利益相关者搜集和使用,最终通过价格机制反映在企业股价同步性上,股价中包含更多的企业特质信息。特别的,中国新兴的资本市场仍以个体投资者为主体(李志生等,2017),东方财富网(股吧)和讯网等网络媒体是个体投资者获取信息的主要途径之一。此类网络媒体通常将当日分析师发布的关于某企业的研究报告放至首页,个别网站甚至将近期相关研究报告数量最多的企业置顶,以此增加投资者的关注度。由此,提出本章第四个假设。

假设7.4:分析师研究报告的文本语调通过吸引其他分析师关注并发布更多研究报告,降低公司股价同步性。

7.6.2 中介效应检验

根据本章假设7.2、假设7.3与假设7.4,为探究分析师研究报告文本语调是否通过激励企业发布更多公告、引导机构投资者增加交易量、吸引其他分析师追踪这三种路径最终作用于股价同步性,本章运用中介效应检验程序来考察(温忠麟和叶宝娟,2014)。结合本章研究内容,建立模型予以说明,见式(7-5)~式(7-7)。

$$FSYNCH = \beta_0 + \beta_1 OPN + \beta \times Control + \varepsilon \quad (7\text{-}5)$$

$$Mediator = \gamma_0 + \gamma_1 \times OPN + \beta \times Control + \varepsilon \quad (7\text{-}6)$$

$$FSYNCH = \beta_0 + \beta'_1 \times OPN + \delta \times Mediator + \beta \times Control + \varepsilon \quad (7\text{-}7)$$

式中,因变量为分析师研究报告发布后该公司下一季度的股价同步性(SYNCH),自变量为分析师研究报告文本语调(OPN)。为便于将三种中介变量的作用统一、直观地展现,本章使用 Mediator 统一表示,仅作符号象征意义。为避免模型内生性问题,中介变量(Mediator)依次使用下一季度公司公告数

（FNotice）、研究报告发布后最近一期公布的机构投资者交易量（Fund）和研究报告发布后60天内新发布的分析师研究报告数（Report）进行检验，变量定义见表7-1。控制变量（Control）与式（7-4）中的控制变量完全一致，为了简洁阐明本章中介效应检验的路径，以Control代理。同样的，在企业和分析师水平上聚类调整标准误。中介变量的定义与描述性统计详见表7-2和表7-3。

在式（7-5）~式（7-7）中，β_1、γ_1表示解释变量的系数，特别的，β_1表示在控制了中介变量Mediator的影响后，解释变量OPN对被解释变量FSYNCH的直接效应。δ表示在控制了自变量OPN的影响后，中介变量Mediator对被解释变量SYNCH的效应。

7.6.3 中介效应检验的实证结果

中介效应检验回归结果如表7-6所示，表中（1）~（3）列是以FNotice为中介变量的回归结果，依次对应式（7-5）、式（7-6）、式（7-7）。同理，（4）~（6）列是以Fund为中介变量的回归结果，（7）~（9）列则为以Report为中介变量的回归结果。中介变量（Mediator）在第一组至第三组回归结果中，依次表示公司公告数（FNotice）、机构投资者交易量（Fund）、分析师研究报告数（Report）。

首先，讨论总效应检验。式（7-5）与式（7-4）属于同一模型，故回归结果相近。如表7-7中（1）（4）（7）列所示，分析师文本语调（OPN）的回归系数β_1依次为–0.0599、–0.0643、–0.0637。根据中介效应检验程序判断条件，系数显著，即通过自变量分析师文本语调（OPN）对因变量下季度股价同步性（FSYNCH）的总效应检验，三种路径均可按照中介效应立论。

其次，分析中介效应检验。本章以中介变量下季度公司公告数（FNotice）为例进行后续分析。研究报告发布后最近一期的机构投资者交易量（Fund）与研究报告发布后60天内新发布的分析师研究报告数（Report）两种路径的检验方法与下季度公司公告数（FNotice）相同。式（7-6）与式（7-7）的回归结果如表7-6中（2）~（3）列所示。式（7-6）为部分中介效应检验，系数γ_1为2.8365，对应的t值为22.19，表明分析师文本语调（OPN）与发布公告后60天内公司发布的公告数（FNotice）在1%水平下显著正相关，分析师文本语调越乐观，对于所追踪公司的激励作用越强，促使公司主动披露更多特质信息。根据式（7-7）的回归结果，在控制自变量分析师文本语调（OPN）的条件下，中介变量公司公告数（FNotice）对因变量股价同步性（FSYNCH）的抑制效应在1%的水

表 7-6 三种机制的中介效应检验

Mediator	以 FNotice 作为 Mediator			以 Fund 作为 Mediator			以 Report 作为 Mediator		
	(1) FSYNCH	(2) Notice	(3) FSYNCH	(4) SYNCH	(5) Fund	(6) SYNCH	(7) SYNCH	(8) Report	(9) SYNCH
Mediator			-0.0033*** (-25.19)			-0.0136*** (-18.32)			-0.0068*** (-22.85)
OPN	-0.0599*** (-9.09)	2.8365*** (22.19)	-0.0505*** (-7.71)	-0.0643*** (-9.75)	0.1599*** (8.07)	-0.0622*** (-9.44)	-0.0637*** (-9.39)	1.5185*** (25.12)	-0.0535*** (-7.91)
FEPS	2.2457*** (25.00)	-31.6059*** (-17.98)	2.1418*** (23.85)	2.2549*** (25.01)	-2.6892*** (-12.32)	2.2184*** (24.64)	2.2479*** (24.12)	-11.9891*** (-11.21)	2.1669*** (23.45)
Rank	-0.0620*** (-8.42)	1.6681*** (14.52)	-0.0565*** (-7.71)	-0.0635*** (-8.53)	0.1133*** (5.32)	-0.0619*** (-8.33)	-0.0632*** (-7.93)	1.6676*** (25.29)	-0.0519*** (-6.57)
Car	-0.1729*** (-7.52)	4.9007*** (10.01)	-0.1568*** (-6.83)	-0.1673*** (-7.18)	1.9149*** (24.87)	-0.1413*** (-6.07)	-0.1731*** (-7.20)	3.7552*** (20.47)	-0.1477*** (-6.15)
EPS	-0.0650*** (-13.50)	0.3149** (2.14)	-0.0640*** (-13.34)	-0.0577*** (-11.78)	-0.0475*** (-4.02)	-0.0583*** (-11.93)	-0.0560*** (-11.28)	1.3437*** (26.34)	-0.0469*** (-9.47)
Lev	-0.1341*** (-8.83)	5.0195*** (14.90)	-0.1176*** (-7.72)	-0.1298*** (-8.43)	-0.2884*** (-6.81)	-0.1337*** (-8.69)	-0.1319*** (-8.21)	-0.7814*** (-5.95)	-0.1371*** (-8.57)
MB	-0.0180*** (-15.76)	0.1605*** (6.62)	-0.0175*** (-15.27)	-0.0178*** (-15.48)	-0.0380*** (-11.89)	-0.0183*** (-15.96)	-0.0165*** (-13.76)	-0.1243*** (-11.45)	-0.0173*** (-14.50)
SIZE	0.0306*** (13.76)	-1.0467*** (-24.94)	0.0271*** (12.21)	0.0303*** (13.49)	-0.0409*** (-8.10)	0.0298*** (13.27)	0.0295*** (12.87)	2.0455*** (62.83)	0.0434*** (18.63)

续表

	以 FNotice 作为 Mediator			以 Fund 作为 Mediator			以 Report 作为 Mediator		
	(1)	(2)	(3)	(4)	(5)	(6)	(7)	(8)	(9)
	FSYNCH	Notice	FSYNCH	SYNCH	Fund	SYNCH	SYNCH	Report	SYNCH
Tangibility	0.1824***	-9.7289***	0.1504***	0.1960***	-0.2527***	0.1925***	0.1856***	0.2180	0.1871***
	(10.92)	(-28.43)	(9.00)	(11.58)	(-5.98)	(11.40)	(10.62)	(1.03)	(10.92)
ROA	-0.3965***	-14.5723***	-0.4444***	-0.4303***	-0.8603***	-0.4420***	-0.4622***	4.4074***	-0.4325***
	(-7.00)	(-11.67)	(-7.85)	(-7.48)	(-5.60)	(-7.69)	(-7.80)	(9.26)	(-7.30)
_cons	-0.3614***	31.0222***	-0.2594***	-0.3607***	1.5901***	-0.3390***	-0.3630***	-43.7061***	-0.6582***
	(-7.05)	(33.87)	(-5.04)	(-6.91)	(11.66)	(-6.50)	(-6.68)	(-59.74)	(-12.01)
Year	控制	控制	控制	控制	控制	控制	控制	控制	控制
Ind	控制	控制	控制	控制	控制	控制	控制	控制	控制
R^2	0.3750	0.2578	0.3777	0.3781	0.0211	0.3792	0.3860	0.2156	0.3880
F 值	1795.18***	902.15***	1771.65***	1782.35***	85.16***	1760.06***	1712.67***	455.16***	1681.86***
N	310 013	310 013	310 013	303 511	303 511	303 511	285 489	285 489	285 489

注：括号中是 t 值，* 表示 $p<0.1$，** 表示 $p<0.05$，*** 表示 $p<0.01$；标准误差在企业和分析师水平上聚类调整

平下显著为负，系数 δ 为 -0.0033，表明公司发布的公告数越多，其股价中包含更多的公司特质信息，股价同步性显著降低。由于系数 γ_1 显著为正，系数 δ 显著为负，故可得出结论，公司公告数（FNotice）的中介效应显著。

再次，描述直接效应检验。如表7-6中（3）列所示，式（7-7）分析师文本语调（OPN）的系数 β'_1 为 -0.0505，t 值为 -7.71，在1%的水平上显著，表明在控制中介变量企业公告数（FNotice）后，分析师文本语调（OPN）对于股价同步性（FSYNCH）具有抑制作用，且直接效应显著。

最后，估算中介效应占比。由于 γ_1 为 2.8365，δ 为 -0.0033，均在1%的水平上显著，则间接效应即 γ_1 与 δ 的乘积 -0.0094 也显著不为0。同时，直接效应 β_1 为 -0.0505 且显著，与间接效应符号一致，故公司公告数（FNotice）属于部分中介效应。中介效应占直接效应的比例（$\gamma_1 \times \delta / \beta'_1$）为18.54%，中介效应占总效应的比例（$\gamma_1 \times \delta / \beta_1$）为15.63%。

对于以机构投资者交易量（Fund）和分析师研究报告数（Report）为中介变量的中介效应检验，可采用同样的方法进行分析。如表7-7所示，假设7.2至假设7.4的中介效应检验表明，分析师文本语调通过激励该企业发布更多的公告、引导机构投资者增加对该企业股票的交易量、吸引其他分析师关注该公司这三种机制降低股价同步性，提高市场信息效率，均与本章的假设一致。

表7-7 中介效应检验结果

		FNotice	Fund	Report
β_1	系数	-0.0599	-0.0643	-0.0637
	t 值	(-9.09)	(-9.75)	(-9.39)
γ_1	系数	2.8365	0.1599	1.5185
	t 值	-22.19	(8.07)	-25.12
β'_1	系数	-0.0505	-0.0622	-0.0535
	t 值	(-7.71)	(-9.44)	(-7.91)
δ	系数	-0.0033	-0.0136	-0.0068
	t 值	(-25.19)	(-18.32)	(-22.85)
总效应	β_1	-0.0599	-0.0643	-0.0637
	是否显著	是	是	是
直接效应	β'_1	-0.0505	-0.0622	-0.0535
	是否显著	是	是	是
中介效应	$\gamma_1 \delta$	-0.0094	-0.0022	-0.0103
	是否显著	是	是	是

续表

		FNotice	Fund	Report
直接效应/总效应	百分比	84.31%	96.73%	83.99%
中介效应/总效应	百分比	15.63%	3.38%	16.21%
中介效应/直接效应	百分比	18.54%	3.50%	19.30%

7.6.4　中介效应的稳健性检验

为使本章中介效应检验结果更具说服力，本章还通过以下方法展开稳健性检验：①以当季股价同步性（SYNCH）作为因变量；②以当季企业发布的公告数（Notice）作为中介变量；③在以下一季度股价同步性（FSYNCH）为因变量的中介效应模型中，加入当季股价同步性（SYNCH）缓解模型内生性（揭晓小等，2015a，b）；④在检验分析师报告数（Report）的中介作用时，除统计分析师研究报告发布后 60 天内发布的研究报告数外，还对研究报告发布后 45 天、90 天内新发布的研究报告数进行了计数，并作为中介变量（Report）进行检验。未列示的回归结果显示，本章中介效应检验的研究结论仍然成立。

7.7　研究结论与展望

已有研究对于分析师是否有效提高企业股价的信息含量存在争议，且主要从分析师个人特征与分析师研究报告数字信息的角度展开讨论，鲜有学者基于分析师报告的文本信息研究分析师对股价同步性的影响。本章基于 2006~2018 年中国 A 股上市公司相关的 377 644 份分析师报告，手工分类约 10 434 句训练语料，并通过朴素贝叶斯机器学习方法衡量分析师研究报告文本的语调。研究发现，分析师研究报告的语调与所关注企业的股价同步性显著负相关。在此基础上，本章从企业内外部信息使用者的角度，基于中介效应检验方法，提出了分析师文本语调影响股价同步性的三种不同路径，即分析师积极的文本语调通过激励企业发布更多公告、引导机构投资者增加买入量和吸引其他分析师追踪发布研究报告这三种路径，提高企业信息效率，降低股价同步性。特别的，由于中国做空机制仍有待完善，分析师研究报告的消极信息显著提高了企业股价同步性，市场信息效率降低，这与以往基于美国市场的研究结论不同。考虑到变量构建与期间选取、模型内生性等可能存在争议的问题，本章先后通过构建季度平均的分析师文本语调、加入因变量滞后项、2SLS 工具变量回归等多种方法进行稳健性测试，结论均保持一致。

基于本章研究结果，结合我国分析师研究报告与资本市场信息效率的现状，本章提出以下三点建议。

第一，个人投资者以及机构投资者应加强对分析师研究报告的文本解读能力或者关注相关文本语调指数，动态掌握分析师的语调积极程度。配合分析师报告的数字信息，分析师研究报告的文本语调能为投资者提供有关上市公司更为深刻的投资信息。本章的结论也给投资者另一个启发：语调积极的分析师报告可以改善上市公司的信息效率，从而降低企业的系统性风险。

第二，上市公司高层管理者应积极发布企业公告、披露公司信息，使企业股价包含更多的特质信息。提高企业公告的发布频率与数量，有助于持续向市场信息使用者释放公司信息，降低市场信息不对称性，提高透明度，使投资者更加了解企业营运与财务状况，最终提高企业股价信息含量。

第三，政府应坚持发展并完善我国资本市场的做空机制（陈海强等，2019）。本章研究发现，消极的分析师文本语调并未使企业的股价包含更多的特质信息，反而使企业信息的透明度下降，这可能与市场没有足够的动力关注绩效较差的上市公司有关。落实并完善融资融券等做空机制，有助于市场更有效地识别业绩较差的企业，真正实现"优胜劣汰"的功能。

本章研究主题仍有进一步提升的空间，未来研究可从以下两方面展开。一方面，在机制检验部分，本章从企业自身、机构投资者、分析师三个利益相关者的角度进行了中介效应检验，而个人投资者作为主导我国股票市场的主要力量之一，是否受到分析师文本语调的影响并进一步影响股价同步性有待探究。由于个人投资者的交易数据难以获得，因此本章仍然使用朴素贝叶斯机器学习方法，基于东方财富网股吧①中帖子的文本信息构建个人投资者情绪指数，以分析师研究报告发布后一个月内的个人投资者情绪指数的平均值作为中介变量。回归结果显示，分析师文本语调提高了个人投资者情绪，并进一步降低了股价同步性。若可以获得个人投资者交易数据等信息，这一研究发现将有可能得到进一步证实。

另一方面，本章亦检验了分析师文本语调对于股价同步性的影响程度在熊市和牛市中是否具有显著的差异性。本章参考王明涛等（2018）的研究，将样本划分为牛市和熊市两类时间区间，并加入是否牛市（是否熊市）与分析师文本语

---

① http://guba.eastmoney.com。

调的交乘项。回归结果显示，在熊市中，分析师积极的文本语调对于股价同步性具有更强的降低作用。对于分析师文本语调在不同市场表现中的异质性作用，本章仅进行了初步的检验，相关主题仍有待后续研究从文献梳理、理论推导、假设提出等各方面展开深入而系统的研究。

第8章　结论和展望

8.1　研究视角

近十年以来，我国学术界对分析师的研究逐渐产生兴趣。分析师研究成为企业金融等相关经管专业的一个重要研究领域。本书的研究视角有其独特性。主要体现为以下四个方面：

第一，传统分析师跟踪指标存在不能刻画分析师是否深入跟踪企业等问题。为此，本书从量化分析师跟踪的视角，引入了分析师跟踪强度、分析师跟踪深度等更具信息含量的指标，作为新的代理变量。

第二，分析师关联行为和经济后果研究，已有文献主要关注分析师和被跟踪企业建立关联，或者关注分析师和投资者建立关联。借助中国分析师基金关联的独特数据，本书研究了第三种分析师关联行为，即分析师和所在券商的"金主"基金公司的关联行为，以及经济后果。

第三，在检验分析师的信息中介作用时，已有研究使用股价收益率等经济后果变量进行测试。本书从对信息风险的识别、对盈余管理行为的约束以及对捐赠信号的传递等角度进行检验，拓宽了已有研究的领域。

第四，基于机器学习等大数据分析技术，从分析师文本语调的角度切入研究，讨论了分析师文本语调的经济后果。

8.2　研究结论

本书主要通过实证方法研究了分析师是否履行了作为金融信息中介的职能，检验了分析师的独立性，并提出了几个信息含量更充分的分析师跟踪指标。所得主要结论如下：

第一，有关信息风险识别的检验表明信息风险或者分析师分歧越大，股票的超额收益越低、特质性风险越高；但在信息风险相同的企业中，高分歧企业却有着相对较高的超额收益和较低的特质性风险。这为特质性风险和期望收益负相关之谜提供了新证据,并揭示了信息风险传染成为股票特质性风险的可能路径。

第二,通过使用信息含量更高的分析师跟踪新指标进行研究,证明分析师不但有助于投资者更好地识别与企业基本面相关的捐赠,而且可以帮助投资者缓解对超额捐赠的过度关注。

第三,结合分析师跟踪人数和分析师报告数两个变量,本书提出了代理分析师关注度的新指标——分析师跟踪强度。基于该新指标,以盈余管理程度作为企业信息透明度的一个维度,实证研究了分析师的信息中介作用。研究结果表明:①分析师偏好跟踪盈余管理程度低的企业;②分析师既能区分应计和真实盈余管理,也能识别正向和反向盈余管理。这表明分析师能有效地将企业盈余管理信息传递给投资者。

第四,本书使用新构造的分析师深度跟踪指标,对分析师价值发现功能进行再检验。主要结论如下:①深度跟踪分析师的报告数是比分析师跟踪人数和分析师报告数更具信息含量的指标。②出于对管理层"隧道行为"的风险规避,深度跟踪分析师更倾向于跟踪进行向上应计盈余管理(向下真实盈余管理)的企业。③由盈余管理程度和企业盈余公告效应之间是正向关系可知,投资者不具备有效分辨企业盈余管理行为的能力,从而容易被企业盈余管理行为所误导。④深度跟踪分析师有较强的价值发现功能,并且能降低投资者对企业盈余管理程度的不当反应。本书从深度跟踪分析师的角度证实了分析师的价值发现功能,这为我国在注册制改革中加强分析师的市场地位和外部约束职能提供了实证证据;市场对企业信息环境认知度较低的发现也为监管部门进一步鼓励企业自主披露提供有益启示。

第五,有关佣金关联分析的结果显示,分析师的基金关联会增大关联分析师所跟踪股票的特质性风险,但特质性风险的增加不能抵消风险调整后收益的增加;佣金压力同时增加了股票的特质性风险和调整后收益。结果表明,佣金压力导致基金关联分析师行为及其后果,即佣金施压假说的成立。进一步地,本书论述并验证了关联分析师的乐观偏差和大额持股机构投资者稳定股价的动机是佣金施压假说成立的直接原因。

第六,基于30万份分析师文本的分析发现,分析师积极的文本语调显著降低了所追踪企业的股价同步性。这一结果与已有多数研究结论不同,但在做空机制欠发达的中国资本市场,个体选择性知觉理论为此提供了很好的解释。进一步地,中介效应检验结果表明,分析师积极的文本语调通过激励企业发布更多公告、引导机构投资者买入和吸引其他分析师发布研究报告，显著降低了股价同步性。此项研究对于投资者关注分析师研究报告语调指标、上市公司加强信息披露、政府部门完善资本市场制度均具有重要启示。

8.3 研究展望

随着大数据、人工智能、云计算等新兴技术的大量使用，学术研究获得了更充分的研究工具和更广泛的研究空间。本书研究了分析师文本语调对股市同步性的影响。情绪是情感的基础，后续的研究可以研究分析师文本情绪是否会影响信息环境、信息传播职能以及个人的职业前途。He 等（2019）、Cao 等（2020）分别研究了分析师面部特征和颜值的经济后果，如对分析师预测精度以及信息含量等的影响。因此，相似主题可以扩展到分析师行为的图片分析、视频分析等领域。伴随着文字、图片和视频信息能够被大量获取，以及大数据分析工具变得更为简单易用，分析师研究领域也将获得更大程度的拓展。

参考文献

白晓宇. 2009. 上市公司信息披露政策对分析师预测的多重影响研究. 金融研究,（4）：92-112.

白云霞,吴联生. 2008. 信息披露与国有股权私有化中的盈余管理. 会计研究,（10）：37-45.

薄仙慧,吴联生. 2009. 国有控股与机构投资者的治理效应：盈余管理视角. 经济研究,44（2）：81-91,160.

蔡庆丰,杨侃. 2012. 信息提前透露、知情交易与中小投资者保护——对证券研究业"潜规则"的实证检验与治理探讨. 财贸经济,（5）：51-58.

陈海强,方颖,王方舟. 2019. 融资融券制度对尾部系统风险的非对称影响——基于A股市场极值相关性的研究. 管理科学学报,22（5）：99-109.

陈俊,张传明. 2010. 操控性披露变更、信息环境与盈余管理. 管理世界,（8）：181-183.

储一昀,仓勇涛,威真. 2011. 外部约束机制监督与公司行为空间转换——由次贷危机引发的思考. 管理世界,（6）：91-104.

储一昀,仓勇涛. 2008. 财务分析师预测的价格可信吗？——来自中国证券市场的经验证据. 管理世界,（3）：58-69.

褚剑,秦璇,方军雄. 2019. 中国式融资融券制度安排与分析师盈利预测乐观偏差. 管理世界,35（1）：151-166.

崔玉英,李长青,郑燕. 2014. 公司成长、盈余波动与财务分析师跟踪——来自中国证券市场的经验证据. 管理评论,26（4）：60-72.

戴亦一,潘越,冯舒. 2014. 中国企业的慈善捐赠是一种"政治献金"吗？——来自市委书记更替的证据. 经济研究,（2）：74-86.

杜兴强,郭剑花,雷宇. 2010. 政治联系方式与民营企业捐赠：度量方法与经验证据. 财贸研究,21（1）：89-99.

樊纲,王小鲁,马光荣. 2011. 中国市场化进程对经济增长的贡献. 经济研究,46（9）：4-16.

范经华,张雅曼. 刘启亮. 2013. 内部控制、审计师行业专长、应计与真实盈余管理. 会计研究,（4）：81-88.

何贤杰,王孝钰,孙淑伟,等. 2018. 网络新媒体信息披露的经济后果研究——基于股价同步性的视角. 管理科学学报,21（6）：43-59.

侯宇,叶冬艳. 2008. 机构投资者、知情人交易和市场效率——来自中国资本市场的实证. 金融研究,（4）：131-145.

胡军,王甄,陶莹,邹隽奇. 2016. 微博、信息披露与分析师盈余预测. 财经研究,42（5）：66-76.

黄俊,郭照蕊. 2014. 新闻媒体报道与资本市场定价效率——基于股价同步性的分析. 管理世界,30（5）：121-130.

黄维德，刘燕，徐群. 2005. 组织行为学. 北京：清华大学出版社.

揭晓小. 2015a. 分析师覆盖、外部约束和收购方企业并购绩效. 北京工商大学学报（社会科学版），30（4）：58-69，84.

揭晓小. 2015b. 公司规模、分析师选择偏差和公司市场绩效——基于收购方公司视角的研究. 财贸经济，（11）：59-74.

金智. 2010. 新会计准则、会计信息质量与股价同步性. 会计研究，（7）：19-26.

孔东民，刘莎莎，王亚男. 2013a. 市场竞争、产权与政府补贴. 经济研究，（2）：55-67.

孔东民，刘莎莎，应千伟. 2013b. 公司行为中的媒体角色：激浊扬清还是推波助澜. 管理世界，（7）：145-162.

李进. 2008. 看谁脸色行事基金强迫分析师内幕交易. http://finance.sina.com.cn/money/fund/20081128/04465563860.shtml［2008-11-28］.

李培馨，刘悦，王宝链. 2014. 中国股票市场的赌博行为研究. 财贸经济，（3）：68-79.

李骐. 2008. 揭秘研究员评选背后利益链：最佳分析师从何而来. http://finance.sina.com.cn/stock/stocktalk/20081124/14275545099.shtml［2008-11-25］.

李琦，罗炜，谷仕平. 2011. 企业信用评级与盈余管理. 经济研究，（S2）：88-99.

李志生，李好，刘淳，等. 2017. 天使还是魔鬼？——分析师媒体荐股的市场效应. 管理科学学报，20（5）：66-81.

林永坚，王志强，李茂良. 2013. 高管变更与盈余管理——基于应计操控与真实操控的实证研究. 南开管理评论，16（1）：4-14，23.

刘海斌，张晓芳. 2008. 褪色的誓言：卖方分析师的行业潜规则调查. http://finance.sina.com.cn/stock/qsth/20081129/03485569032.shtml［2008-12-01］.

刘海飞，许金涛，柏巍，等. 2017. 社交网络、投资者关注与股价同步性. 管理科学学报，20（2）：53-62.

陆建桥. 1999. 中国亏损上市公司盈余管理实证研究. 会计研究，（9）：25-35.

陆瑶，彭章，冯佳琪. 2018. 融资融券对上市公司治理影响的研究. 管理科学学报，21（11）：92-111.

孟庆斌，黄清华. 2018. 卖空机制是否降低了股价高估？——基于投资者异质信念的视角. 管理科学学报，21（4）：43-66.

潘侠，吴婷婷. 2011. 券商研报遭遇信用危机，利益链下五大乱象. http://finance.sina.com.cn/stock/qsth/20110511/03359821714.shtml［2011-05-11］.

潘越，戴亦一，林超群. 2011a. 信息不透明、分析师关注与个股暴跌风险. 金融研究，（9）：138-151.

潘越，戴亦一，刘思超. 2011b. 我国承销商利用分析师报告托市了吗. 经济研究，（3）：131-144.

山立威，甘犁，郑涛. 2008. 公司捐款与经济动机——汶川地震后中国上市公司捐款的实证研究. 经济研究，（11）：51-61.

深圳证券交易所.2011.2010年个人投资者状况调查报告.深圳：深圳证券交易所.

史永东，王谨乐.2014.我国机构投资者真的稳定市场了吗.经济研究，49（12）：100-112.

宋乐，张然.2010.上市公司高管证券背景影响分析师预测吗.金融研究，(6)：112-123.

苏治，魏紫.2013.企业无形资产资本化与分析师盈余预测：理论分析与实证检验.会计研究，(7)：70-76，97.

唐跃军，左晶晶，李汇东.2014.制度环境变迁对公司慈善行为的影响机制研究.经济研究，(2)：61-73.

王红领，李稻葵，雷鼎鸣.2001.政府为什么会放弃国有企业的产权.经济研究，(8)：61-70，85-96.

王克敏，刘博.2014.公司控制权转移与盈余管理研究.管理世界，(7)：144-156.

王明涛，孙西明，陈云.2018.中国股指期货跳跃对股指现货跳跃的影响研究——基于同步与延伸交易的视角.管理科学学报，21（8）：64-82.

王琼，谢潞锦.2011.基金分仓谁做主：卖方评价体系.http://fund.eastmoney.com/a/1593，20110117115689610.html［2011-01-17］.

王亚平，刘慧龙，吴联生.2009.信息透明度、机构投资者与股价同步性.金融研究，(12)：162-174.

魏明海.2000.盈余管理基本理论及其研究述评.会计研究，(9)：34-42.

温日光，汪剑锋.2018.上市公司会因行业竞争压力上调公司盈余吗.南开管理评论，21（1）：182-190.

温忠麟，叶宝娟.2014.中介效应分析：方法和模型发展.心理科学进展，22（5）：731-745.

吴昊旻，杨兴全，魏卉.2012.产品市场竞争与公司股票特质性风险——基于我国上市公司的经验证据.经济研究，(6)：101-115.

吴世农，吴超鹏.2005.盈余信息度量、市场反应与投资者框架依赖偏差分析.经济研究，40（2）：54-62.

吴武清，万嘉滢.2018.分析师跟踪和盈余管理：基于跟踪强度新指标的研究.数理统计与管理，37（1）：83-95.

吴武清，揭晓小，苏子豪.2017.信息不透明、深度跟踪分析师和市场反应.管理评论，29（11）：171-182，195.

吴武清，苏子豪，陈敏.2020.企业信息风险、分析师分歧和股票特质性风险.数理统计与管理，39（5）：925-936.

吴武清，苏子豪，揭晓小，等.2019.我国分析师基金关联的特质性风险和收益后果：佣金施压假说的作用机制.管理评论，31（10）：23-35.

吴武清，赵越，闫嘉文，等.2020.分析师文本语调会影响股价同步性吗？——基于利益相关者行为的中介效应检验.管理科学学报，23（9），108-126.

吴育辉，吴世农.2010.高管薪酬：激励还是自利？——来自中国上市公司的证据.会计研究，(11)：40-48.

谢德仁，林乐. 2015. 管理层语调能预示公司未来业绩吗？——基于我国上市公司年度业绩说明会的文本分析. 会计研究，(2)：20-27.

熊伟，陈浪南，朱杰. 2015. 股权结构与信息透明度相关性的实证研究. 系统工程学报，30（3）：344-353.

胥朝阳，刘睿智. 2014. 提高会计信息可比性能抑制盈余管理吗. 会计研究，(7)：50-57.

许年行，江轩宇，伊志宏，等. 2012. 分析师利益冲突、乐观偏差与股价崩盘风险. 经济研究，(7)：127-140.

许年行，于上尧，伊志宏. 2013. 机构投资者羊群行为与股价崩盘风险. 管理世界，(7)：31-43.

杨海燕，韦德洪，孙健. 2012. 机构投资者持股能提高上市公司会计信息质量吗——兼论不同类型机构投资者的差异. 会计研究，(9)：16-23，96.

伊志宏，江轩宇. 2013. 明星 VS 非明星：分析师评级调整与信息属性. 经济理论与经济管理，(10)：93-108.

伊志宏，李颖，江轩宇. 2015. 女性分析师关注与股价同步性. 金融研究，(11)：175-189.

伊志宏，申丹琳，江轩宇. 2018. 基金股权关联分析师损害了股票市场信息效率吗——基于股价同步性的经验证据. 管理评论，30（8）：3-15.

伊志宏，杨圣之，陈钦源. 2019. 分析师能降低股价同步性吗——基于研究报告文本分析的实证研究. 中国工业经济，(1)：156-173.

于李胜，王成龙，王艳艳. 2019. 分析师社交媒体在信息传播效率中的作用——基于分析师微博的研究. 管理科学学报，22（7）：107-126.

余明桂，回雅甫，潘红波. 2010. 政治联系、寻租与地方政府财政补贴有效性. 经济研究，(3)：65-77.

袁建国，后青松，程晨. 2015. 企业政治资源的诅咒效应——基于政治关联与企业技术创新的考察. 管理世界，(1)：139-155.

曾建光，伍利娜，王立彦. 2013. 中国式拆迁、投资者保护诉求与应计盈余质量：基于制度经济学与Internet治理的证据. 经济研究，48（7）：90-103.

曾庆生，周波，张程，等. 2018. 年报语调与内部人交易："表里如一"还是"口是心非". 管理世界，34（9）：143-160.

张敏，马黎珺，张雯. 2013. 企业慈善捐赠的政企纽带效应——基于我国上市公司的经验证据. 管理世界，(7)：163-171.

张然，汪荣飞，王胜华. 2017. 分析师修正信息、基本面分析与未来股票收益. 金融研究，(7)：156-174.

张宗新，杨通旻. 2014. 盲目炒作还是慧眼识珠？——基于中国证券投资基金信息挖掘行为的实证分析. 经济研究，(7)：138-150，164.

张宗新，杨万成. 2016. 声誉模式抑或信息模式：中国证券分析师如何影响市场. 经济研究，(9)：104-117.

赵良玉,李增泉.刘军霞.2013.管理层偏好、投资评级乐观性与私有信息获取.管理世界,(4):33-47.

钟宇翔,李婉丽.2019.盈余信息与股价崩盘风险——基于盈余平滑的分解检验.管理科学学报,22(8):88-107.

周芬棉.2011.券商研报频出问题监管当给力.http://roll.sohu.com/20110629/n311978044.html[2011-06-29].

周铭山,林靖,许年行.2016.分析师跟踪与股价同步性——基于过度反应视角的证据.管理科学学报,19(6):49-73.

朱红军,何贤杰,陶林.2007.中国的证券分析师能够提高资本市场的效率吗——基于股价同步性和股价信息含量的经验证据.金融研究,(2):110-121.

邹颖,汪平,张丽敏.2019.公司盈余预测与资本成本估算——截面回归模型预测VS.分析师预测.数理统计与管理,38(1):172-190.

左大勇,陆蓉.2013.理性程度与投资行为——基于机构和个人基金投资者行为差异研究.财贸经济,(10):59-69.

Abdolmohammadi M J, Simnett R, Thibodeau J C. 2006. Sell-side analysts' reports and the current external reporting model. Accounting Horizons, 20(4):375-389.

Aghion P, van Reenen J, Zingales L. 2013. Innovation and institutional ownership. American Economic Review, 103(1):277-304.

Agrawal A, Chen M A. 2008. Do analyst conflicts matter? Evidence from stock recommendations. Journal of Law & Economics, 51(3):503-537.

Altinkilic O, Hansen R S, Katz J M. 2009. On the information role of stock recommendation revisions. Journal of Accounting and Economics, 48(1):17-36.

Ang A, Hodrick R J, Xing Y H, et al. 2006. The cross-section of volatility and expected returns. Journal of Finance, 61(1):259-299.

Ang A, Hodrick R J, Xing Y H, et al. 2009. High idiosyncratic volatility and low returns: International and further U. S. evidence. Journal of Financial Economics, 91(1):1-23.

Asquith P, Mikhail M B, Au A S. 2005. Information content of equity analyst reports. Journal of Financial Economics, 75(2):245-282.

Atiase R K. 1985. Predisclosure information, firm capitalization, and security price behavior around earnings announcements. Journal of Accounting Research, 23(1):21-36.

Auty R. 1993. Sustaining Development in Mineral Economies: The Resource Curse Thesis. New York: Routledge.

Bai C E, Lu J Y, Tao Z G. 2006. Property rights protection and access to bank loans. Economics of Transition, 14(4):611-628.

Bali T G, Cakici N. 2008. Idiosyncratic volatility and the cross-section of expected returns. Journal of Financial and Quantitative Analysis, 43(1):29-58.

Barber B M, Lehavy R, Trueman B. 2009. Ratings changes, ratings levels, and the predictive value of analysts' recommendations. Financial Management, 39 (2): 533-553.

Barber B, Lehavy R, Mcnichols M, et al. 2001. Can investors profit from the prophets? Security analyst recommendations and stock returns. Journal of Finance, 56 (2): 531-563.

Barinov A. 2013. Analyst disagreement and aggregate volatility risk. Journal of Financial & Quantitative Analysis, 48 (6): 1877-1900.

Barth M E, Kasznik R, McNichols M F. 2001. Analyst coverage and intangible assets. Journal of Accounting Research, 39: 1-34.

Bartov E, Givoly D, Hayn C. 2002. The rewards to meeting or beating earnings expectations. Journal of Accounting and Economics, 33 (2): 173-204.

Basu S, Markov S, Shivakumar L. 2010. Inflation, earnings forecasts, and post- earnings announcement drift. Review of Accounting Studies, 15 (2): 403-440.

Bhattacharya U, Daoukand H, Welker M. 2003. The world price of earnings opacity. The Accounting Review, 78 (3): 641-678.

Bhushan R. 1989. Firm characteristics and analyst following. Journal of Accounting and Economics, 11 (2-3): 255-274.

Bollerslev T, Mikkelsen H O. 1999. Long-term equity anticipation securities and stock market volatility dynamics. Journal of Econometrics, 92 (1): 75-99.

Boubakri N, Cosset J C, Saffar W. 2008. Political connections of newly privatized firms. Journal of Corporate Finance, 14 (5): 654-673.

Bowen H R. 1953. Social Responsibilities of the Businessman. New York: Harper & Row.

Brammer S, Millington A. 2005. Corporate reputation and philanthropy: An empirical analysis. Journal of Business Ethics, 61 (1): 29-44.

Brennan M J, Hughes P J. 1991. Stock prices and the supply of information. Journal of Finance, 46 (5): 1665-1691.

Brollo F, Nannicini T, Perotti R, et al. 2013. The political resource curse. American Economic Review, 103 (5): 1759-1796.

Brown P, Beekes W, Verhoeven P. 2011. Corporate governance, accounting and finance: A review. Accounting and Finance, 51 (1): 96-172.

Call A C, Chen S P, Tong Y H. 2009. Are analysts' earnings forecasts more accurate when accompanied by cash flow forecasts. Review of Accounting Studies, 14 (2-3): 358-391.

Callen J L, Fang X H. 2013. Institutional investor stability and crash risk: Monitoring versus short-termism. Journal of Banking & Finance, 37 (8): 3047-3063.

Campbell J L. 2007. Why would corporations behave in socially responsible ways? An institutional theory of corporate social responsibility. Academy of Management Review, 32 (3): 946-967.

Cao Y, Guan F, Li Z Q, et al. 2020. Analysts' beauty and performance. Management Science,

66 (9): 4315-4335.

Cella C, Ellul A, Giannetti M. 2013. Investors' horizons and the amplification of market shocks. Review of Financial Studies, 26 (7): 1607-1648.

Chan K, Hameed A. 2006. Stock price synchronicity and analyst coverage in emerging markets. Journal of Financial Economics, 80 (1): 115-147.

Chang X, Dasgupta S, Hilary G. 2006. Analyst coverage and financing decisions. Journal of Finance, 61 (6), 3009-3048.

Chen J D, Cumming D, Hou W X, et al. 2016. Does the external monitoring effect of financial analysts deter corporate fraud in China. Journal of Business Ethics, 134 (4): 727-742.

Chen J, Dong W, Tong J Y, et al. 2018. Corporate philanthropy and investment efficiency: Empirical evidence from China. Pacific-Basin Finance Journal, 51: 392-409.

Choi Y K, Han S H, Kwon Y. 2019. CSR activities and internal capital markets: Evidence from Korean business groups. Pacific-Basin Finance Journal, 55: 283-298.

Christie A, Zimmerman J L. 1994. Efficient and opportunistic choices of accounting procedures: Corporate control contests. The Accounting Review, 69 (4): 539-566.

Clement M. 1999. Analyst forecast accuracy: Do ability, resources and portfolio complexity matter. Journal of Accounting and Economics, 27 (3): 285-304.

Coffee J C. 1991. Liquidity versus control: The institutional investor as corporate monitor. Columbia Law Review, 91 (6): 1277-1368.

Cohen L, Frazzini A, Malloy C J. 2008. The small world of investing: Board connections and mutual fund returns. Journal of Political Economy, 116 (5): 951-979.

Cowen A, Boris G, Paul H. 2006. Which type of analyst firms are more optimistic. Journal of Accounting & Economics, 41 (1-2): 119-146.

Crawford S S, Roulstone D T, So E C. 2012. Analyst initiations of coverage and stock return synchronicity. The Accounting Review, 87 (5): 1527-1553.

Daniel K D, Titman S. 2006. Market reactions to tangible and intangible information. Journal of Finance, 61 (4): 1605-1643.

Das S, Levine C, Sivaramakrishnan K. 1998. Earnings predictability and bias in analysts' earnings forecasts. The Accounting Review, 73 (2): 277-294.

Dasgupta A, Prat A, Verardo M. 2011. Institutional trade persistence and long-term equity returns. Journal of Finance, 66 (2): 635-653.

Davis K. 1960. Can business afford to ignore social responsibilities. California Management Review, 2 (3): 70-76.

De Bondt W F M, Thaler R. 1985. Does the stock market overreact. Journal of Finance, 40 (3): 793-805.

Dechow P M, Sloan R G, Hutton A P. 1995. Detecting earnings management. The Accounting Review,

70（2）：193-225.

Diamond D, Verrecchia R. 1991. Disclosure, liquidity, and the cost of capital. Journal of Finance, 46（4）：1325-1360.

Dickson B J. 2004. Red Capitalists in China: The party, private entrepreneurs, and prospects for political change. New York: Cambridge University Press.

Diether K B, Christopher M J, Scherbina A D. 2002. Differences of opinion and the cross-section of stock returns. Journal of Finance, 57（5）：2113-2141.

Du X Q, Jian W, Du Y J, et al. 2014. Religion, the nature of ultimate owner, and corporate philanthropic giving: Evidence from China. Journal of Business Ethics, 123（2）：235-256.

Du X Q. 2017. Religious belief, corporate philanthropy, and political involvement of entrepreneurs in Chinese family firms. Journal of Business Ethics, 142（2）：385-406.

Duffie D, Rahi R. 1995. Financial market innovation and security design: An introduction. Journal of Economic Theory, 65（1）：1-42.

Dutton J E, Dukerich J M, Harquail C V. 1994. Organizational images and member identification. Administrative Science Quarterly, 39（2）：239-263.

Dyck A, Morse A, Zingales L. 2010. Who blows the whistle on corporate fraud. Journal of Finance, 65（6）：2213-2253.

Easley D, O'Hara M, Paperman J B. 1998. Financial analysts and information-based trade. Journal of Financial Markets, 1（2）：175-201.

Easley D, O'Hara M. 2004. Information and the cost of capital. Journal of Finance, 59（4）：1553-1583.

Easterwood J C, Nutt S R. 1999. Inefficiency in analysts' earnings forecasts: Systematic misreaction or systematic optimism. Journal of Finance, 54（5）：1777-1797.

Easton P D, Harris T S, Ohlson J A. 1992. Aggregate accounting earnings can explain most of security returns: The case of long event windows. Journal of Accounting and Economics, 15（2-3）：119-142.

Elyasiani E, Jia J Y. 2010. Distribution of institutional ownership and corporate firm performance. Journal of Banking and Finance, 34（3）：606-620.

Faccio M. 2006. Politically connected firms. American Economic Review, 96（1）：369-386.

Fama E F, French K R. 1993. Common risk factors in the returns on stocks and bonds. Journal of Financial Economics, 33（1）：3-56.

Fields T D, Lys T Z, Vincent L. 2001. Empirical research on accounting choice. Journal of Accounting and Economics, 31（1-3）：255-307.

File K M, Prince R A. 1998. Cause related marketing and corporate philanthropy in the privately held enterprise. Journal of Business Ethics, 17（14）：1529-1539.

Firth M, Lin C, Liu P, et al. 2013. The client is king: Do mutual fund relationships bias analyst recommendations. Journal of Accounting Research, 51 (1): 165-200.

Fischer P E, Stocken P C, Baldenius T, et al. 2010. Analyst information acquisition and communication. The Accounting Review, 85 (6): 1985-2009.

Fombrun C J. 2005. Building corporate reputation through CSR initiatives: Evolving standards. Corporate Reputation Review, 8 (1): 7-11.

Francis J, Lafond R, Olsson P, et al. 2005. The market pricing of accruals quality. Journal of Accounting and Economics, 39 (2): 295-327.

Francis J, Philbrick D R. 1993. Analysts' decisions as products of a multi-task environment. Journal of Accounting Research, 31 (2): 216-230.

Frankel R, Kothari S P, Weber J. 2006. Determinants of the informativeness of analyst research. Journal of Accounting and Economics, 41 (1-2): 29-54.

French K R, Schwert G W, Stambaugh R F. 1987. Expected stock returns and stock market volatility. Journal of Financial Economics, 19 (1): 3-29.

Friedman M. 1970. The Social Responsibility of Business is to Increase its Profits. New York: The New York Times Magazine.

Galaskiewicz J. 1997. An urban grants economy revisited: Corporate charitable contributions in the twin cities, 1979-1981, 1987-1989. Administrative Science Quarterly, 42 (3): 445-471.

Gao Y, Yang H. 2016. Do employees support corporate philanthropy? Evidence from Chinese listed companies. Management and Organization Review, 12 (4): 747-768.

Gibson C. 1987. How chartered fnancial analysts view financial ratio. Financial Analyst Journal, 43 (3): 74-76.

Godfrey P C. 2005. The relationship between corporate philanthropy and shareholder wealth: A risk management perspective. Academy of Management Review, 30 (4): 777-798.

Goldstein M A, Irvine P, Kandel E, et al. 2009. Brokerage commissions and institutional trading patterns. Review of Financial Studies, 22 (12): 5175-5212.

Gong G, Louis H, Sun A X. 2008. Earnings management and firm performance following open-market repurchases. Journal of Finance, 63 (2): 947-986.

Graham J R, Harvey C R, Rajgopal S. 2005. The economic implications of corporate financial reporting. Journal of Accounting and Economics, 40 (1-3): 3-73.

Gu Z Y, Xue J. 2008. The Superiority and disciplining role of independent analysts. Journal of Accounting & Economics, 45 (2-3): 289-316.

Gu Z Y, Yang G Y, Li Z Q. 2012. Monitors or predators: The influence of institutional investors on sell-side analysts. Accounting Review, 88 (1): 137-169.

Gu Z, Li Z, Yang Y G. 2013. Monitors or predators: The influence of institutional investors on sell-side analysts. The Accounting Review, 88 (1): 137-169.

Gupta K, Krishnamurti C. 2018. Does corporate social responsibility engagement benefit distressed firms? The role of moral and exchange capital. Pacific-Basin Finance Journal, 50: 249-262.

Hayes R M, Lundholm J R. 1996. Segment reporting to the capital market in the presence of a competitor. Journal of Accounting Research, 34 (2): 261-279.

Hayes R M. 1998. The impact of trading commission incentives on analysts'stock coverage decisions and earnings forecasts. Journal of Accounting Research, 36 (2): 299-320.

Hazarika S, Karpoff J M, Nahata R. 2012. Internal corporate governance, CEO turnover, and earnings management. Journal of Financial Economics, 104 (1): 44-69.

He J, Tian X. 2013. The dark side of analyst coverage: The case of innovation. Journal of Financial Economics, 109 (3): 856-878.

He X J, Yin H F, Zeng Y C, et al. 2019. Facial structure and achievement drive: Evidence from financial analysts. Journal of Accounting Research, 57 (4): 1013-1057.

Healy P M, Palepu K G. 2001. Information asymmetry, corporate disclosure, and the capital markets: A review of the empirical disclosure literature. Journal of Accounting and Economics, 31 (1-3): 405-440.

Hellman J S, Jones G, Kaufmann D. 2003. Seize the state, seize the day: State capture and influence in transition economies. Journal of Comparative Economics, 31 (4): 751-773.

Ho K Y, An J. 2017. Decomposing the Value Premium: The role of intangible information in the chinese stock market. Social Science Electronic Publishing, 44.

Ho S S M, Li A Y, Tam K, et al. 2016. Ethical image, corporate social responsibility, and R&D valuation. Pacific-Basin Finance Journal, 40: 335-348.

Hong H G, Kubik J D, Scheinkman J. 2012. Financial constraints on corporate goodness. Social Science Electronic Publishing.

Hong H G, Kubik J D, Solomon A. 2000. Security analysts' career concerns and herding of earnings forecasts. Rand Journal of Economics, 31 (1): 121-144.

Hong H, Kubik J D. 2003. Analyzing the analysts: Career concerns and biased earnings forecasts. Journal of Finance, 58 (1): 313-351.

Hope O K. 2003. Accounting Policy disclosures and analysts' forecasts. Contemporary Accounting Research, 20 (2): 295-321.

Hope O K. 2003. Disclosure practices, enforcement of accounting standards, and analysts'forecast accuracy: An international study. Journal of Accounting Research, 41 (2): 235-272.

Hotchkiss E S, Strickland D. 2003. Does shareholder composition matter? Evidence from the market reaction to corporate earnings announcements. Journal of Finance, 58 (4): 1469-1498.

Hribar P, Nichols C. 2007. The use of unsigned earnings quality measures in tests of earnings management. Journal of Accounting Research, 45 (5): 1017-1053.

Huang A H, Zang A Y, Zheng R. 2014. Evidence on the information content of text in analyst reports. The Accounting Review, 89 (6): 2151-2180.

Huang W, Liu Q Q, Rhee S G, et al. 2010. Return reversals, idiosyncratic risk and expected returns. Review of Economic Studies, 23 (1): 147-168.

Hutchinson M, Seamer M, Chapple L. 2015. Institutional investors, risk/performance and corporate governance. International Journal of Accounting, 50 (1): 31-52.

Hutton A P, Marcus A J, Tehranian H. 2009. Opaque financial reports, R^2, and crash risk. Journal of Financial Economics, 94 (1): 67-86.

Ioannou I, Serafeim G. 2015. The impact of corporate social responsibility on investment recommendations: Analysts'perceptions and shifting institutional logics. Strategic Management Journal. 36 (7): 1053-1081.

Irvine P J A. 2000. Do analysts generate trade for their firms? Evidence from the Toronto Stock Exchange. Journal of Accounting & Economics, 30 (2): 209-226.

Irvine P J A. 2004. Analysts' forecasts and brokerage-firm trading. Accounting Review, 79 (1): 125-149.

Ismail B E, Kim M K. 1989. On the association of cash flow variables with market risk: Further evidence. Accounting Review, 64 (1): 125-136.

Ivkovici Z, Jegadeesh N. 2004. The timing and value of forecast and recommendation revision. Journal of Financial Economics, 73 (3): 433-463.

Jackson A R. 2005. Trade generation, reputation, and sell-side analysts. Journal of Finance, 60 (2): 673-717.

Jarrell G A, Brickley J A, Netter J M. 1988. The market for corporate control: Empirical evidence since 1980. Journal of Economic Perspectives, 2 (1): 49-68.

Jensen M C, Meckling W H. 1976. Theory of the firms: Managerial behavior, agency costs and ownership structure. Journal of Financial Economics, 3 (4): 305-360.

Jensen M C, Ruback R S. 1983. The market for corporate control: The scientific evidence. Journal of Financial Economics, 11 (1-4): 5-50.

Jiang H. 2010. Institutional investors, intangible information, and the book-to-market effect. Journal of Financial Economics, 96 (1): 98-126.

Jiang X Y, Xu N H, Yuan Q B, et al. 2018. Mutual-fund-affiliated analysts and stock price synchronicity: Evidence from China. Journal of Accounting, Auditing & Finance, 33 (3): 435-460.

Jin L, Myers S C. 2006. R^2 around the world: New theory and new tests. Journal of Financial Economics, 79 (2): 257-292.

Johnson T C. 2004. Forecast dispersion and the cross-section of expected returns. Journal of Finance, 59 (5): 1957-1978.

Jones J. 1991. Earnings management during import relief investigation. Journal of Accounting Research, 29 (2): 193-228.

Kao E H, Yeh C C, Wang L H, et al. 2018. The relationship between CSR and performance: Evidence in China. Pacific-Basin Finance Journal, 51: 155-170.

Karpoff J M, Lott J R, Wehrly E W, et al. 2005. The reputational penalties for environmental violations: Empirical evidence. Journal of Law and Economics, 48 (2): 653-675.

Kasznik R, McNichols M F. 2002. Does meeting earnings expectations matter? Evidence from analyst forecast revisions and share prices. Journal of Accounting Research, 40 (3): 727-759.

Kothari S P, Li X, Short J E. 2009. The effect of disclosures by management, analysts, and business press on cost of capital, return volatility, and analyst forecasts: A study using content analysis. The Accounting Review, 84 (5): 1639-1670.

Kothari S P, Leone A J, Wasley C E. 2005. Performance matched discretionary accrual measures. Journal of Accounting and Economics, 39 (1): 163-197.

Krüger P. 2015. Corporate goodness and shareholder wealth. Journal of Financial Economics, 115 (2): 304-329.

La Porta R, Lopez-De-Silane F, Shleifer A. 1999. Corporate ownership around the world. Journal of Financial, 54 (2): 471-517.

Lang M H, Lines K V, Miller P D. 2004. Concentrated control, analyst following, and valuation: Do analysts matter most when investors are protected least. Journal of Accounting Research, 42 (3): 589-623.

Lang M H, Lundholm R J. 1996. Corporate disclosure policy and analyst behavior. The Accounting Review, 71 (4): 467-492.

Leuz C, Nanda D, Wysocki P D. 2003. Earnings management and investors protection: An international comparison. Journal of Financial Economics, 69 (3): 505-527.

Li S H, Wu H Y, Song X Z. 2017. Principal-principal conflicts and corporate philanthropy: Evidence from Chinese private firms. Journal of Business Ethics, 141 (3): 605-620.

Li S, Song X, Wu H. 2015. Political connection, ownership structure, and corporate philanthropy in China: a strategic-political perspective. Journal of Business Ethics, 129: 399-411.

Lim T. 2001. Rationality and analysts' forecast bias. The Journal of Finance, 56 (1): 369-385.

Lin H W, McNichols M F. 1998. Underwriting relationships, analysts' earnings forecasts and investment recommendations. Journal of Accounting and Economics, 25 (1): 101-127.

Ljungqvist A, Marston F, Starks L T, et al. 2007. Conflicts of interest in sell-side research and the moderating role of institutional investors. Journal of Financial Economics, 85 (2): 420-456.

Lloyd W P, Jahera J S, Page D E. 1985. Agency costs and dividend-payout ratios. Financial Review, 20 (3): 78.

Lopez T J, Rees L. 2002. The effect of beating and missing analysts' forecasts on the information content of unexpected earnings. Journal of Accounting, Auditing & Finance, 17 (2): 155-184.

Louis H, Robinson D, Sbaraglia A. 2008. An integrated analysis of the association between accrual disclosure and the abnormal accrual anomaly. Review of Accounting Studies, 13 (1): 23-54.

Louis H, Sun A X, Urcan O. 2013. Do analysts sacrifice forecast accuracy for informativeness. Management Science, 59 (7): 1688-1708.

Louis H. 2004. Earnings management and the market performance of acquiring firms. Journal of Financial Economics, 74 (1): 121-148.

Luo X M, Wang H L, Raithel S, et al. 2015. Corporate social performance, analyst stock recommendations, and firm future returns. Strategic Management Journal, 36 (1): 123-136.

Luo Y, Min C. 1997. Does guanxi influence firm performance. Asia Pacific Journal of Management, 14 (1): 1-16.

Lys T, Naughton J P, Wang C. 2015. Signaling through corporate accountability reporting. Journal of Accounting and Economics, 60 (1): 56-72.

Ma D, Parish W L. 2006. Tocquevillian moments: Charitable contributions by Chinese private entrepreneurs. Social Forces, 85 (2): 943-964.

Masulis R W, Wang C, Xie F. 2007. Corporate governance and acquirer returns. Journal of Finance 62 (4): 1851-1889.

Matsunaga S R, Park C W. 2001. The effect of missing a quarterly earnings benchmark on the CEO's annual bonus. The Accounting Review, 76 (3): 313-332.

McNichols M, O'Brien P C. 1997. Self-selection and analyst coverage. Journal of Accounting Research, 35: 167-199.

McWilliams A, Siegel D. 2000. Corporate social responsibility and financial performance: Correlation or misspecification. Strategic Management Journal, 26: 603-609.

Mehlum H, Moene K O, Torvik R. 2006. Institutions and the resource curse. The Economic Journal, 116 (508): 1-20.

Mehran H, Stulz R M. 2007. The economics of conflicts of interest in financial institutions. Journal of Financial Economics, 85 (2): 267-296.

Merton R C. 1987. A simple model of capital market equilibrium with incomplete information. Journal of Finance, 42 (3): 483-511.

Michaely R, Womack K L. 1999. Conflict of interest and the credibility of underwriter analyst recommendations. Review of Financial Studies, 12 (4): 653-686.

Morck R, Yeung B, Yu W. 2000. The information content of stock markets: Why do emerging markets have synchronous stock price movements. Journal of Financial Economics, 58 (1-2): 215-260.

Myers S C, Majluf N S. 1984. Corporate financing and investment decisions when firms have information that investors do not have. Journal of Financial Economics, 13 (2): 187-221.

Nartea G V, Wu J, Liu Z. 2013. Does idiosyncratic volatility matter in emerging markets? Evidence from China. Journal of International Financial Markets, Institutions and Money, 27: 137-160.

Orlitzky M, Benjamin J D. 2001. Corporate social performance and firm risk: A meta-analytic review. Business and Society, 40 (4): 369-396.

O'Brien P C, Bhushan R. 1990. Analyst following and institutional ownership. Journal of Accounting Research, 28: 55-76.

O'Brien P C, Mcnichols M F, Lin H W. 2005. Analyst impartiality and investment banking relationships. Journal of Accounting Research, 43 (4): 623-650.

O'Hara M. 2003. Presidential address: liquidity and price discovery. Journal of Finance, 58 (4): 1335-1354.

Papyrakis E, Gerlagh R. 2004. The resource curse hypothesis and its transmission channels. Journal of Comparative Economics, 32 (1): 181-193.

Pastor L, Veronesi P. 2003. Stock valuation and learning about profitability. Journal of Finance, 58 (5): 1749-1789.

Peloza J. 2006. Using corporate social responsibility as insurance for financial performance. California Management Review, 48 (2): 52-72.

Penman S H, Zhu J L. 2014. Accounting anomalies, risk and return. The Accounting Review, 89 (5): 1835-1866.

Pevzner M, Xie F, Xin X G. 2015. When firms talk, do investors listen? The role of trust in stock market reactions to corporate earnings announcements. Journal of Financial Economics, 117 (1): 190-223.

Piotroski J D, Roulstone D T. 2004. The influence of analysts, institutional investors, and insiders on the incorporation of market, industry, and firm-specific information into stock prices. The Accounting Review, 79 (4): 1119-1151.

Piotroski J D, Wong T J, Zhang T Y. 2015. Political incentives to suppress negative information: Evidence from Chinese listed firms. Journal of Accounting Research, 53 (2): 405-459.

Previts G J, Bricker R J, Robinson T, et al. 1994. A content analysis of sell-side financial analyst company reports. Accounting Horizons, 8 (2): 55.

Qian C L, Gao X Z, Tsang A. 2015. Corporate philanthropy, ownership type, and financial transparency. Journal of Business Ethics, 130 (4): 851-867.

Qian Y Y. 1994. A theory of shortage in socialist economies based on the soft budget constraint. American Economic Review, 84 (1): 145-156.

Rajgopal S, Venkatachalam M. 2011. Financial reporting quality and idiosyncratic return volatility. Journal of Accounting & Economics, 51 (s1-2): 1-20.

Raman K, Shahrur H. 2008. Relationship-specific investments and earnings management: Evidence on corporate suppliers and customers. Accounting Review, 83 (4): 1041-1081.

Richardson V J. 2020. Information asymmetry and earnings management: Some evidence. Review of Quantitative Finance and Accounting, 15 (4): 325-347.

Rock S, Sedoand S, Willenborg M. 2000. Analyst following and count-data econometrics. Journal of Accounting and Economics, 30 (3): 351-373.

Roychowdhury S. 2006. Earnings management through real activities manipulation. Journal of Accounting and Economics, 42 (3): 335-370.

Saiia D H, Carroll A B, Buchholtz A K. 2003. Philanthropy as strategy: When corporate charity "begins at home". Business and Society, 42 (2): 169-201.

Seifert B, Morris S, Bartkus B R. 2004. Having, giving, and getting: Slack resources, corporate philanthropy, and firm financial performance. Business and Society, 43 (2): 135-161.

Shleifer A, Vishny R W. 1994. Politicians and firms. Quarterly Journal of Economics, 109 (4): 995-1025.

Simpson A V. 2010. Analysts'use of non-financial information disclosures. Contemporary Accounting Research, 27 (1): 249-288.

Sun L, Wei K C J. 2011. Intangible information and analyst behavior. Social Science Electronic Publishing.

Thomsen S, Pedersen T. 2000. Ownership structure and economic performance in the largest European companies. Strategic Management Journal, 21 (6): 689-705.

Trueman B, Wong M H F, Zhang X J. 2003. Anomalous stock returns around internet firms' earnings announcements. Journal of Accounting and Economics, 34 (1-3): 249-271.

Twedt B, Rees L. 2012. Reading between the lines: An empirical examination of qualitative attributes of financial analysts' reports. Journal of Accounting and Public Policy, 31 (1): 1-21.

Vuolteenaho T O. 2002. What drives firm-level stock returns. Journal of Finance, 57 (1): 233-264.

Wahal S, McConnell J J. 2000. Do institutional investors exacerbate managerial myopia? Journal of Corporate Finance, 6 (3): 307-329.

Wang H, Choi J, Li J. 2008. Too little or too much? Untangling the relationship between corporate philanthropy and firm financial performance. Organization Science, 19 (1): 143-159.

Wang H, Qian C. 2011. Corporate philanthropy and corporate financial performance: The roles of stakeholder response and political access. Academy of Management Journal, 54 (6): 1159-1181.

Wiersema M F, Zhang Y. 2011. CEO Dismissal: The role of investment analysts. Strategic Management Journal, 32 (11): 1161-1182.

Wieser R. 2005. Research and development productivity and spillovers: Empirical evidence at the firm level. Journal of Economic Surveys, 19 (4): 587-621.

Williams R J, Barrett J D. 2000. Corporate philanthropy, criminal activity, and firm reputation: Is there a link. Journal of Business Ethics, 26 (4): 341-350.

Wu W Q, Peng F, Shan Y G, et al. 2020. Signaling through corporate philanthropy. Pacific-Basin Finance Journal, 62: 101389.

Xin C, Sudipto D, Gilles H. 2006. Analyst coverage and financing decisions. The Journal of Finance,

61（6）：3009-3048.

Xu L X C, Zhu T, Lin Y M. 2005. Politician control agency problems and ownership reform. Economics of Transition, 13（1）：1-24.

Xu N H, Chan K C, Jiang X Y, et al. 2013. Do star analysts know more firm-specific information? Evidence from China. Journal of Banking & Finance, 37（1）：89-102.

Xu N H, Jiang X Y, Chan K C, et al. 2013. Analyst coverage, optimism, and stock price crash risk: Evidence from China. Pacific-Basin Finance Journal, 25（11）：217-239.

Xu N H, Li X R, Yuan Q B, et al. 2014. Excess perks and stock price crash risk: Evidence from China. Journal of Corporate Finance, 25（2）：419-434.

Xu S X, Zhang X. 2013. Impact of wikipedia on market information environment: Evidence on management disclosure and investor reaction. MIS Quarterly, 37（4）：1043-1068.

Yezegel A. 2015. Why Do analysts revise their stock recommendations after earnings announcements. Journal of Accounting and Economics, 59（2-3）：163-181.

Yu F. 2008. Analyst coverage and earnings management. Journal of Financial Economics, 88（2）：245-271.

Zang A Y. 2012. Evidence on the trade-off between real activities manipulation and accrual-based earnings management. Accounting Reviews, 87（2）：675-703.

Zhang M, Tong L J, Su J, et al. 2015. Analyst coverage and corporate social performance: Evidence from China. Pacific-Basin Finance Journal, 32：76-94.

Zhang R, Zhu J G, Yue H, et al. 2010. Corporate philanthropic giving, advertising intensity, and industry competition level. Journal of Business Ethics, 94（1）：39-52.